60여년 습작·등단 35년

유재봉 시전집

Collected Poems of Yu Jae-bong

60여년 습작·등단 35년

유재봉 시전집
Collected Poems of Yu Jae-bong

문경출판사

유 재 봉 시인

- 충남 부여군 규암면 합정리에서 출생
- 백강초, 부여중, 부여고, 공주교대, 숭전대, 충남대 교육대학원 졸업
- 초·중학교에 42년간 봉직

■ **문학활동**
- 1967년 공주교대 〈석초문학〉 동인으로 문학활동 시작
- 백강문학, 사비문학 동인, 시대시 동인, 백지시문학 동인, 대전문인총연합회 회원, 대전시인 협회 회원

■ **능단** 1989년 7월 서울 『시대문학』(성춘복) 여름호 신인상으로 등단

■ **수상** 제12회 대전시인협회 회장상, 제3회 백지시문학상, 제13회 문학시대문학대상, 제36회 대전시문화상(2024년 12월 4일) 수상

■ **시집**
『시간의 매듭』『어둠을 위한 알레그로』
『여행자의 지도』『나는 지금 빈집이다』
『사막을 가로 지르는 도마뱀』『늦꽃 피는 자리』
『새 날의 아침을 여는』『그림자 띄우고 노을지던 것들』
『불현 듯 시간 그림』『그리움의 무늬』(시선집)

■ **시전집**
『유재봉 시전집』

■ **전화** 010-5428-5689

머리말

　시를 쓰기 시작한 것은, 1967년 공주교육학 2학년에 다니면서 특별활동 부서에 문예부에 들어서, 시화전에 내기 위하여 동아리『석초동인회』회원들과 앉아 품평회를 갖고, 시화전을 열면서 시작되었다.
　습작을 조금씩 한다 해도 잘 되지 않아, 시를 써 본다고 해도 잘 읽어지지 않아, 들었다 놓았다 하지 못하다가, 1977년 직장을 대전으로 옮겨 와보니, 그 당시 한성기 시인님한테 몇 사람이 배우는 것을 보고, 시를 써 보려는 의욕이 일어났다.
　1981년에 충남대학교 교육대학원(국어교육전공)을 다니면서, 다른 강의도 많이 들었지만, 최원규교수님에게서 시학강의를 많이 들어, 일생 과업으로 할 것이 바로 시를 짓는 것이라고 작정하고, 습작을 많이 하기 시작했다.
　그 때 대전대학문예창작과 박명용교수님을 가까이 알게 되어, 3년여에 걸쳐, 한 달에 한 번씩 쓴 것을 작품별로 개인 지도를 받았다.
　살아가면서 본격적으로 시를 쓸 만한 정황이 있으면 메모를 열심히 하고, 집에 와서 정서하는 습작생활을 하다가, 1989년 서울『시대문학』(성춘복) 7월호 신인상을 수상하면서, 데뷔하고 지금까지 시집 9권을 발간했다.

　2024년 12월 4일에 ≪대전문화상≫을 받게 되어, 이제는 내 시문학을 정리해야겠다는 생각으로, 지금까지 쓴 작품 중에서 조금 나아보이는 시와, 계속 습작한 시중 나은 시를 합하여 모았고, 그를 유튜브에 올려 시를 써보고 싶은 사람들을 위해서, 유튜브 제작과 올리는 방법을 배워보려고 2023년 2월 초부터 시작하여 6월 초에 제작은 겨우 할 수 있게 되었는데 띄워지지 않았다. 2025년 2월 초에야 제작과 올리기도 제대로 하게 되었다.

　내가 바라던 소망을 이루기 위해 본 시전집을 만든 동기는

1. '평생 써도 데뷔시를 능가하지 못한다'는 말이 있는 것처럼, 지난 시라고 해서 묵혀 두는 것은 너무 아까워, 1시집부터 9시집 속의 시 중에서 나아보이는 시와 습작시 중에서 우선 고르고
2. 지난 시라도 소재나 시화한 표현이 지금 못지 않고 좋은 시가 많이 있어서, 특히 시의 귀절 중 괜찮다고 보이는 것이 자식처럼 내려놓기가 어려워 골라 보았으며
3. 이것들을 책을 통해 시 창작을 하고 싶은 이들에게 의욕을 높여 주는 것이, 시인의 아주 귀한 사명이라 생각하여 이 책을 만들었고
4. 현재 유튜브를 열고 돋보기를 치고, 검색창에 『시연못』 치면, 내 사진 아래로 올려진 시 한 편씩 있는데, 그 하나씩을 클릭하면 '시연못'이란 글이 위에 뜨고, 아래에 '유재봉'이

라고 표지가 교차하여 뜨고, 잠시 후 첫 화면이 지나고 배경화면이 뜨면서, 아래에서 시 한 편이 음악과 함께 위로 스크롤이 된다.

5. 본 시전집은 내 평생 일구어 가꾼 가장 큰 수확물이다. 구절 마디마디가 꽃같이 고운 엄지손가락 같은 내 최고의 자식들 같이 자랑스러운 작품들이다. 특히 본 시전집의 7부에는, 고향에서 몸과 마음과 영혼이 자랐으므로, 꿈에도 자꾸 나타나도록 보고 싶고, 지난 추억이 그립고 돌아가보고 싶어 곱씹으며, 잊지 않으려 「고향별곡」이라는 자리로 모아 보았다.

6. 앞으로 계속하여 질 높은 시 짓기를 필생의 최종 목표로 삼고, 시를 짓는 대로 유튜브에 올려, 시를 쓰고 싶은 독자들에게 쉽게 접하여 시 창작의 소양을 기르는데 도움이 될 수 있게 하고, 시 감상하기를 좋아하는 사람들에게는, 시적 감동을 흡족히 느끼도록 해주는 것이, 시인의 사명이라 생각하고, 그 사명을 이루고자 열심히 노력하겠다.

2025년 5월
유 재 봉

차례

■ 머리말 · 9

제1부 낡은 수첩

21 · 낡은 수첩
22 · 칼
23 · 등대
24 · 장계 국밥집
26 · 뱀사골의 밤
28 · 먼 길을 오면서
29 · 저녁을 위한 알레그로
30 · 천국의 자리
32 · 신원사
34 · 바닷가 오두막집
36 · 연못
38 · 스르라미
40 · 멀리 보이는 섬
42 · 곤충채집
44 · 꽃처럼
46 · 산 I
48 · 출구
50 · 논둑
51 · 대금을 불며
52 · 잡초
53 · 어름산이 광대
54 · 대청호에서
55 · 지층 옆에서
56 · 병원 속 휴게실
58 · 마지막 악수
60 · 울고 싶다
62 · 퍼붓고 싶다
63 · 사랑 I
64 · 입원
65 · 겨울
66 · 풀의 공화국
68 · 상자
69 · 여행
70 · 은행잎
72 · 범종소리를 들으며
74 · 대청호 II
76 · 여울에 빠진 가을
78 · 해바라기
80 · 석류가 열리면
82 · 그림자
84 · 웃음
86 · 수틀
88 · 연서
90 · 배고픔
92 · 압화
94 · 편지를 부치며

제2부 잔인하게 피는 꽃

99 · 잔인하게 피는 꽃
101 · 꿈밭의 철새
103 · 불곰 사진 찍기
105 · 강 I
106 · 눈을 기다리며
108 · 잠들기 전에
110 · 냇물을 보며
112 · 섣달 그믐날
114 · 정월 초하루
115 · 미움
116 · 사랑 II
117 · 바다를 보고 온 날
118 · 대둔산 단풍
120 · 겨울나무
122 · 옹이
123 · 무지개를 보면
124 · 분꽃
126 · 부루스 코로나
128 · 새벽 하늘
130 · 건널목
132 · 잠
134 · 혼자 사랑
136 · 구름이 호사한 날

138 · 오늘 백제
139 · 연蓮
140 · 숲 I
142 · 벚꽃 피는 밤
144 · 무덤
145 · 잊고 싶다
146 · 선물
148 · 개구리떼 울음
150 · 돌부처
152 · 벚꽃이 지고
154 · 꽃 II
156 · 어느 날을 위해
158 · 벚꽃길
160 · 나비
162 · 약속
164 · 시간
166 · 해변
168 · 항구
170 · 산사
172 · 좋은 것
173 · 탈춤
174 · 얼굴 I
176 · 삼월

차례

제3부 늦가을

181 · 늦가을
182 · 중환자실에서
184 · 묘지 앞에서
186 · 목련
187 · 오랑캐 꽃
188 · 겨울꽃
189 · 꽃 Ⅲ
190 · 왕촌
191 · 천제단
193 · 가을비
194 · 바다에 버리고
195 · 이 가을에
196 · 여의도 비둘기
198 · 녹슨 탱크
200 · 새장
202 · 제야 Ⅱ
203 · 기다림 Ⅱ
204 · 연주
205 · 돌 Ⅱ
206 · 대숲에서
207 · 달 Ⅰ
208 · 해 뜰 무렵
209 · 달밤 Ⅱ
210 · 추측
212 · 절벽
214 · 모닥불
215 · 가을 사연
216 · 대합실에서
218 · 넝쿨장미
220 · 0시 27분의 영동역
221 · 새벽 기차를 타고
223 · 놀이터에서
224 · 불타는 신전
225 · 거울보기 Ⅰ
226 · 귀뚜라미
227 · 겨울 아침
228 · 겨울 바다
230 · 제야에 Ⅰ
232 · 황혼
234 · 눈 오는 밤에
235 · 돌아보면
236 · 하늘 Ⅰ
238 · 한 장의 그림
240 · 사랑 Ⅲ
242 · 빈집 Ⅰ
244 · 가을 Ⅰ

유재봉 시전집

제4부　차를 마시며

249 · 차를 마시며
250 · 중촌교를 건너며
252 · 뒤뜰 풍경
254 · 시간을 거두어 잡고
256 · 해후
258 · 하늘Ⅲ
259 · 가을Ⅱ
260 · 오월
262 · 눈 오는 날의 풍경화
263 · 가을 강뚝에서
264 · 그리움
266 · 도요새
268 · 그 점심시간
270 · 새벽 제2나로도 대교
272 · 별
273 · 새벽 대포항
274 · 부산에서
276 · 갑사의 어스름
278 · 안개 속에서
280 · 연화도
282 · 저녁 서대전공원 스케치
284 · 튤립축제
286 · 참새

288 · 나비Ⅱ
289 · 길Ⅱ
290 · 눈
292 · 꽃을 보며
294 · 봄 강가에서
296 · 숲의 칸타타
298 · 화단을 보며
299 · 한 잎 가을
300 · 노래
302 · 마지막 도착한 곳
304 · 몰래 피는 꽃이 더 곱다
306 · 아침 햇살
308 · 호수Ⅱ
310 · 단풍Ⅰ
312 · 가을 그림
314 · 백합꽃 앞에서
316 · 호수 앞에서
318 · 꽃Ⅰ
320 · 편지Ⅰ
321 · 풍경
322 · 내일 모레가 여든이네
324 · 단풍Ⅱ
326 · 나무다리

제5부 눈을 맞으며

331 · 눈을 맞으며
333 · 의자
334 · 너와 함께 부르는 노래
336 · 기다림 4
338 · 두려움
340 · 의혹
342 · 죽음의 순간엔
344 · 풍세 사나운 날
345 · 숲에 앉으면
346 · 사막을 가로지르는 도마뱀
349 · 제야 Ⅰ
350 · 장독
352 · 야생화
354 · 거울을 보며
356 · 어른이 없는 하늘
358 · 네가 필 때
360 · 내일
362 · 숲 아래서
364 · 벽속의 산책
366 · 새벽 Ⅱ
367 · 단풍
368 · 낙화
370 · 별이 보고 싶다
372 · 기쁨
373 · 저녁 풍경
374 · 만리포 해수욕장 추억
376 · 비눗방울
377 · 희망
378 · 추도식 날
380 · 시라는 거
382 · 주름살
384 · 귀거사향 歸去思鄕
386 · 시간이 무거워
388 · 종
390 · 암각화
392 · 말뚝
394 · 노인
396 · 돌담 모서리
398 · 살아나는 벚꽃 추억
400 · 시 Ⅰ
402 · 기우는 시월
404 · 2월의 끝날
406 · 밤눈
408 · 흐름 속의 새
410 · 잡아주는 이 없네

유재봉 시전집

제6부 늦가을에

413 · 늦가을에
415 · 물레방아 II
416 · 꽃 자리
418 · 낙인
420 · 어둠이 내리면
422 · 고란사
424 · 응원
426 · 봄비를 맞으며
428 · 눈길을 걸으며
430 · 두레박
432 · 가을 냇가에서
435 · 숲 II
436 · 요리하는 여자
438 · 풋풋한 보리골
440 · 가을 들판을 보며
441 · 피아노
442 · 생각 I
443 · 자리를 깔며
444 · 옥상
445 · 새들이 보고 싶다
446 · 빨래집게
447 · 등대 II
448 · 낙조
449 · 어스름
450 · 사구沙丘
451 · 호수 옆에서
452 · 빨랫줄을 보며
453 · 노크
454 · 검은 새벽
455 · 눈사람
456 · 내 그림
457 · 돌아오면서
458 · 장미 울타리 I
459 · 알프스
460 · 잃어버린 박자
461 · 허기
462 · 얼마냐
463 · 묵도
464 · 지금
465 · 진통제
466 · 윷놀이
467 · 인연
468 · 얼굴 II
469 · 가을이면
470 · 화장을 지우고 숲에 간다

제7부 고향별곡

473 · 유년의 오수
474 · 수레바퀴 자국
475 · 정자나무
478 · 살강 위의 바꿈살이
480 · 부뚜막, 그 성전을 그리며
482 · 밥걸이에 걸린 휴식
484 · 장마중
486 · 번데기에서 나오던 나방
488 · 보리밭
490 · 서낭댕이(성황당)
493 · 등잔불 옆에서
494 · 헐무덤이
496 · 공동묘지
498 · 누이 I
500 · 원두막 전설
503 · 한밤의 음악 편지
506 · 팽이 치기
508 · 개똥 찾기
510 · 그네 타기
512 · 장날
515 · 주머니에 든 시장
517 · 겨울밤
519 · 꽃 다람쥐
522 · 부여를 지나며
524 · 동화속 절름거리던 사슴
526 · 발저림
528 · 호박떡 찌기
530 · 뒤곁
532 · 빨라야 신나나
535 · 시골집
537 · 나의 아기 옆에서
539 · 옛집을 보며
541 · 돌아 본 고향
542 · 만리장성보다 깊고 높은
      부성애 단편소설
559 · 천상 천하 유아독존
      사모곡
567 · 그리워라
574 · 오월성전
576 · 유물이 된 집

제1부

낡은 수첩

낡은 수첩

볼펜 잉크가 번진
가나다 순서 전화번호

연락을 주고 받으며
던지고 받던 말들이
퍼진 옅은 잉크 사이로
아련히 들린다

어둠이 치달려 지났는데도
영원하리라던 날들의
환했던 창이 아니었던가

어제도 그만한 간격으로
지워져서 흐려졌겠지

아니라고 우겨도
뭔가 끝이 가까워가는 듯
잡혀 있지 않고

조금씩 떠나가는 듯한
낡은 수첩

칼

조용히 눈 감고 있는 듯 보여도
그의 눈은 바르르 떨리며
긴장을 한다

어떤 것을 자른다는 것은
그 예리한 눈초리로 베이리라

그런 긴장이 없을 때
그의 눈은 멀어간다

사랑을 한 대도
안 보이는 구석으로
찌르고 들어오는 칼

찔려서 뜨거운지
두통이 올 것인지 알고
너를 들고 있어야 하기에
긴장하고 쥐고 있어야 한다

그래서 안 쓸 때는
칼집이 필요하다

등대

하얀 펜으로
엎어졌던 소싯적 일
바다위에 그려도 본다

배들이 먼 데 갔다가
배터지게 자랑하는 소리
귀 따갑게 듣는다

허전하게 돌아오는 빈 배도
배안 가득 잡을
꿈을 가득 싣고 들어온다

판소리의 늘어진 가락을
둥둥 북 울리며
풍등도 띄운다

바다 가득한
새벽 갈매기들은
내 입김을 물어 나르고

눈을 뜬 채로
뜨는 해 속을 파고 들어간다

장계 국밥집

허허로운 자들과
바람을 몰고
여름 대낮에 펄펄 끓는
국밥집에 들어갔다

한 때 역사의 긴 도로를 가다가
여기 와서 짚신을 털고 지나간
눈이 깊은 사람들의 자욱이 보였다

오금을 녹이며
기침을 가라앉혔겠지

오지 벽돌로 쌓은 담
그 안에서는 저고리를 풀고
끓어 치솟는 김을 보며
호루라기를 피해서
저리도록 시렵던 발을 녹여
가던 길의 고샅을 넘어갔겠지

오지 뚝배기를 들고 마시며
마지막 짚신을 탕탕 치고
만주벌판을 향해
주머니의 손을 굳게 쥐었겠지

오늘은 평화의 웃음으로
국물을 타고 흐르는 긴 강물을
한 바가지 먹는다

뱀사골의 밤

박쥐가 선회하는
초저녁 으스름

서늘한 바람에
살모사의 독이 더 오르는
골짜기

어둠은
몇 길로 차 오르고

무료한 새소리
은빛 벌레소리
찐득하게 문지르는 새소리

계곡물에 파랗게
감겨 뒹구는데

여기저기
텐트 속 불들이
메타포로 피었다

길섶에는 한낮의
대화들이 서성거리고

소쩍새 혼자
점을 찍으며
선너머로 멀어져 갔다

먼 길을 오면서

색종이 열대어가
교실 유리창에 붙어
헤엄치고 있다

물방울은 없지만
아이들의 말간 눈과
수없는 대화를 나눈다

비늘 아래로
생기가 돈다

운동장 가에는
싹트는 어린 풀들이
쏟아지는 금가루를 받고 있다

먼 길을 돌아온
초등학교 교문 앞에는
아이들이 흘린
웃음조각들이
여기저기 흩어져 있다

저녁을 위한 알레그로

기골이 장대한 사나이가
이 밤 죽어가는가

뒷산에는 추억으로 굳은
느티나무 고목의 삭정이
긴 휘파람 소리로 울린다

갈대로 엮은 문이 흔들리고
가시 돋친 어둠은
부질없는 애증을 낳는다

기다림은 돌로 굳다가
안개 일으키며
불빛 멀리 떠나가고

무슨 말로 사운대며
나뭇잎 날리는 쪽으로
너는 떠나가고 있는가

천국의 자리

여기 질화덕에
불을 지피고

동녘에 뜨는
햇살의 눈을 하고

황금 실로 이어진
우리의 끈을 보며

바람에 꺼스러진
깃을 빗질하자

옹달샘가 초록의
속잎 트는 둑에
널브러게 웃음을 널고

공깃돌 같은 말로
서로를 안아 보자

우리는 평화를 낳는
황제의 후예

초롱한 별자리를

만드는 우리

아름답다는 먼
천국의 이 자리

신원사

눈 내리는 날 신원사에 갔다.

큰 은행나무 두 그루
절문 앞에 수북이 옷 벗어 놓고
그 마른 어깨 위로
고요를 몰아 내리던 눈발

눈이 파란 선승들은 두문불출
오래인지 추녀 깊게
내려서던 산그림자

퍼붓던 눈발 잠시 멈추자
동자승 몇이 돌참에 나와
하늘을 내다본다.

하늘은 이내 강물처럼 열리고
문설주에 앉았던 눈송이들
제풀에 놀라 사방으로 흩어진다.

혼자 뒷뜨락에 내려 서성거리다
선방 앞에 이르니 햇빛 고여
하얀 고무신 몇 켤레

오래 동안 바라보다가
까닭 없이 눈물 쏟아져

먼 산 따라 소리 없이
물러 나왔다.

바닷가 오두막집

먼데 하늘은 구도의 기둥
물빛이 조용히 하늘거렸다

물새는 하늘을 향해 너울거리고
빛은 투명하게 퍼져나갔다

작은 소라 꼴망대 펄쩍이며
외치던 소리들이 뻘 가득
고함처럼 질펀하다

외딴십 할매는
떠내려가지 않는 기억을 잡고
할배와 살던 때를 바다에 그리며
비틀대던 삶을 오가겠지

망태를 메고
평생 일구던 누더기 삶
그 이랑을 따라 질퍽이며
숨을 고르는 자리

떼로 엮은 지붕
비닐 끈으로
가난한 구렁을 메우고

허접스런 바람을 가라앉힌다

하얀 빨랫줄에
걸릴 것 없는 빈 마음
바지랑대만 하늘로
치달아 솟았다

별이 쏟아지는
바다는 얼마나 요란할까

물고기늘 모두
날개가 돋치겠지

연못

한가로운 땅에
동그라미를 그렸다

하늘이 먼저 와서 잠기고는
그 뽀얀 얼굴을 드러냈다

산도 빠지자
새들이 요술처럼 날아다녔다

누가 오라고 하지 않았는데
산개구리 두꺼비 도롱뇽들이
예쁜 애기들을 포대기에 싸서
무더기로 알을 낳고 갔다

하늘은 시간을 알리고
산과 숲은 옷을 바꾸어 입어
산 꿩이 요란하고

딱따구리가 시끄럽고
뻐꾸기가 하늘을
바쁘게 나는 걸 보면
새들도 예쁜 새끼를 치겠지

보이지 않는 물속 어디에서
애기들은 뒷다리가 나오고

모두가 담긴 한 덩이 세상
작은 그릇에도
그들 마음이 보일 듯 싶다

나에게도 근질근질하게
날개가 돋아났다

스르라미

시간을 잘게 부수며
금화 빛나는 잎새 뒤

피보다 웅장한 빛 흐르는
두꺼운 껍질 위에서

꿀보다 더 달디 단 수액 빨며
너는 이 여름
불화덕의 기능공보다 더 큰
세상을 녹이고 산다

껌벅일 줄 모르는
쇠 같은 눈으로
보는 것이 무어냐

너는 세상을 휩쓰는
무서운 소리가 있다

누구도 네 앞에 서서
호령할 자가 없다

구겨진 골목을 드나드는
하루의 지루한 구석을

조용히 쓸어주는 큰 빗자루다

이 골목을 다스리는
지혜로운 통치자

로마를 다스리던
어느 수염 긴 통치자보다
더 힘 있는 소리를 내는 자여

멀리 보이는 섬

은박지 배꼽 위로
바람이 꽂히며 튀어오르고
각도를 돌리며 보여주고 있다

하루 종일 저렇게 조금씩
키우고 영원까지 가겠지

섬에 이르자
어떤 손이 그를 붙잡고
요리저리 둘러보고
예뻐하디니

한동안 물을 가라앉히려
섬의 양쪽을 붙잡고
눌렀다 띄웠다 했다

밤새워 별을 보며
헤벌떡거리다 지쳐
잠시도 눈 붙이지 못하게
모습은 지워져도

깜박이는 눈엔 분명
발목을 간질이는 작은 게에게서

꿀 같은 손으로 만지겠다는 뜻으로
손가락을 타고 내려갔다.

또 별이 뜨는 밤을 보려
커진 눈과 나발만한 귀와
설레이는 가슴의 피가 더워간다

곤충채집

퍼런 피가 말라가고
그 심장은 어찌 멈췄을까

머리에서 조금씩 느려지고
깨지며 무너지는 소리 들으며
모스 부호로 타전했지만

전선이 늘어졌는지
고장도 모르면서
진물 나게 울다 그쳤을까

아직도 분 바른 얼굴이
엷은 조명에 그을려
어두워도 저리 고운데

접힌 눈웃음으로
모르던 사랑을 채질했으면
얼마나 미치게 했을까

아무데 살았어도 가리지 않고
징집된 그대들의
고독과 목이 타던 날

스치로풀 위 바늘에 꽂혀
8도 지진만큼이나 요란했겠지

잘 가시래도
눈까지 마른 웃음뿐
지을 모습 모르지만

속으로 싸움 걸 듯 달려오는
네들의 못핀 꿈 조각들의
색종이 가루를
얼굴에 연신 맞는다

꽃처럼

매무새를 차릴 때마다
꽃을 생각한다

표정을 지을 때도
크고 예쁜 꽃처럼

때론 좀생이 꽃처럼
웃을 때도 향기 나는 꽃으로
활짝 펴고 껄껄껄

마음속이 꽃구름 흐르듯
바다 속 산호처럼

사람을 만나도
꽃처럼 지어보이고

꽃이 말하는 양
보석을 이로 바드득
갈아서 입 벌려 펴 보이는
그런 대화를 하고 싶다

밥을 먹는 것도
노래를 하는 것도

마지막 죽는 것도

꽃처럼 되기 위해
수영을 하고 싶다

산 I

산속에는 누구 것인지
끊어진 바이올린과
찢어진 북이 있다

그 소리를 얻어 가진 것들이
사철 연주를 한다

끊어진 현이 조금 이어질 때면
가냘프게 나는 소리와
가까워져 가면
악장 구분 없이 들려온다

그 소리로 수꿩의 털빛
독사의 피부 무늬가 그려지고
풍선을 밟은 듯
개구리 소리가 나고
송화가루가 피기도 한다

단풍이 들 때면
조용히 숨죽이고
하늘이 깨져 내려오고

하얀 눈이 올 때면

눈을 딱 감고
죽어가는 소리를 들으며

풍악 울리며 춤추고
하늘로 떠오른다

출구

몸을 부딪치며
거북한 예의도 약간 접고

새날의 하늘을 여는
수선스런 길

앞선 순서로 가려고
가방을 흔들며 달리며
콤파운드를 들여다보며

이어폰을 꽂고
순서에 앞서려고
양보하지 않고 달린다

큰 산을 오르기 전
준비한 것이 빠진 듯

작은 미끄럼도 타고
그러면서 올라가는 상쾌

그런 실수를 하지 않겠다며
다짐하고 기억에 깊이 새기지만
그런 날이 낙서로 쌓인다

먼 길은 지도가 있어야 하고
희망을 잡으려면
예민한 연장이 있어야 한다

매일 더듬거리면서
버린다던 신을
또 신고 간다

팔딱거리는 고기를 잡으려면
놓지기도 많이 해봐야 한다

오늘 떠오르던 생각을 뒤집어
애초의 밑그림부터 그리고
뒤돌아봐야 한다

논둑

여기는 창조의 원상이 보존된
흑암 이후의 첫 땅

역사의 밤이 아니라도
성장과 기쁨으로 넘치는 자리

거머리가 여기를 기어 넘으면
우렁이 여기를 넘으면
기적이라 하지만
전혀 기적이 아니다.

살 비비며 사는 풀들이 있지만
거품 이는 욕심도 없고

밀어내지 않고
천분대로 자라고

남도 자라게 하는
천사들이 준 의지대로 산다.

대금을 불며

무성하던 생각들
하나 둘
바람처럼 빠져나가고
우리들 모습도 날렸다

어둡고 시린 날
구멍을 울리면서
대금은 몸을 떨었다

불에 타버린 암각화
빈 소리로 딸각거린다

여린 입술로
대금을 불면
파란 모습으로
대나무는 살아나고

죽순에 반짝이는 이슬
새가 되어
날아간다

잡초

유천동에서 오류동으로
육교를 넘다보면

방직공장
허름한 창고 옥상에
잡초가 자랐다

가파른 육교를 오르듯
사글세 방을 드나들며
앓는 눈빛으로 달빛도 보고

비오는 날이면
탁배기로 시름을 잊는
우리들 가슴에 핀 꽃처럼

오늘도 어제처럼 씨를 맺고
살아가는 무리들을 본다

어름산이 광대

팽팽한 밧줄 위에서
한가닥 선 위에
보이는 운명의 끝

발가락에 밧줄을 꿰고
혼신의 무게를 걸어
하루를 항해한다

삶이 녹아나고
관중의 시선에 꽂히는
예감

선 속에
갇혀버리는 일상

부채바람으로 일렁이는
신굿의 댓가지

그 예지의 순간에
땀방울로 맺혀 있는
거미줄처럼
하늘에 걸려 있다

대청호에서

퍼렇게 멍이 든
들짐승

콘크리트 옹벽에
갇혀 있다

거친 숨소리
수면을 달려가는 바람에
하얀 갈기를 번뜩인다

실향의 시인이
언어도 영혼도 잃은 채
가슴을 달랜다

지층 옆에서

압력 틈으로 산화된
한 모금 호흡이
새어 나왔다

침전된 하늘과
노년기의 조개가
어우러진 지층 위를
밟고 있는 너는

그 어느 날의 나를
다른 모습으로
다시 보고 있다

병원 속 휴게실

몇이 모여 앉아
구름을 조금씩 찢어가며

얕은 물가에서
물장구를 치고 있다

모임마다 다른 수영으로
텀벙거리면서
서로를 안는 손들
허공속에서 흔들어댄다

우리 뿐 아니라
더 심한 깊이로 걷는
걸음을 보며
내 무릎은 별 것 아니라고
쓰심을 어루만진다

바다 멀리서 돌아온 이도
돌아보면 힘들던 길이
평탄한 길로 수월했다

언제 멀리 갈지 모르나
그것에 겁먹고 지치는 것

이제 모른다

가다보면 조용히
빤히 날 길에 오르는
모두의 길이라 본다

지금은 키재기가 아니라
키를 높여주고 다독이는
평화의 마당이다

마지막 악수

언제라도 손을 내밀면
따뜻이 잡히던 손

오래 아파 고생하고
며칠 전 만났을 땐
반 이별 상태

대화하기가 어려워
말을 던지기라도 하지만
듣고 대답하기가
어려운 걸 보고
쉬라고 나오며 악수하니
그는 손을 놓지 않았는데
마지막 악수를 그는 안 것 같다

먼 길 갔다 해서 다녀온 후
내 책상이 부서져 있었다

마음 깔던 침대가 좁아졌다
현기증이 났다

몸 어디에서
피를 많이 흘린 것 같다

영토를 넓혀야 겠다

있는 사람들과 덥썩 잡고
좋다좋다고 살아야겠다

울고 싶다

내 안에 들어가지 못하게
꽉 잠긴 문이 있다

울고 싶어
그 문을 열려 해도
열어지지 않는다

눈물이 나와야
우는 것인데
눈물이 나지 않는다

내 안의 작은 집
울어서 막힌 걸
확 뚫고 싶은데
왜 울어지지 않는 걸까

통증이 깊어져도
울 감정이 전해지지 않고
중간까지 가다 멈추나

장마에 저수 뚝이 무너지듯
폭격으로 성이 무너지듯
그렇게 울고 싶다

산사태가 나서
도랑이 넘치듯
천둥번개 속에
퍼붓던 소나기처럼
그렇게 울고 싶다

막혀서 답답한 가슴
확 뚫어 열고 싶다

웃음이 나도록
깨지듯 터지듯
울고 싶다

퍼붓고 싶다

단추를 끼우듯 가슴 닫고
옷솔기 부풀어 올라도
손으로 덮으며 참았던 것
이젠 퍼붓고 싶다

푸근한 날이 빨리 찾아왔으니
단추를 따지 않아도
퍼붓기만 하면 된다

트럼펫처럼 퍼붓고 싶다

낫지 않던 팔꿈치
뻐근하던 어깨죽지

한 달 가량 퍼붓고
눈을 감았더니
아픔이 어디로 갔네

막힌 것 있으면
퍼붓고 싶을 때
다 퍼부어야지

사랑 I

예쁜 마음이
오랫동안 숙성되어
옥합에 넣었던 것

주고 싶은 사람을 찾기 어려워
숨죽이고 몰래 보면서
아꼈던 꿀단지

주기는 줘야 하는데
찾지 못하다가는
속에서 곰팡이 날까
걱정을 많이 했지

내가 가진 것과 같은 걸
오래까지 좋아하고
그가 가진 걸
내가 좋아하는 자를 찾으면
모든 걸 주고 싶은 것

입원

나팔을 불며
깃발 날릴 일인가

숨소리 끝
외마디 소리 지르는
긴 가지 끝에서
휘청거리다가 비로소
수염 걷어 젖히고
발끝 질질 끌고 간다

여러 골짜기를 지나
겨우 허락된 심판
그 법정에 이른다

죽은 가지의 거미줄에
걸려 퍼덕이다가
엿처럼 늘어져 버렸다가

다시 돌아와
한쪽 다리로 서서
웃고 있고 싶은 달리기

겨울

즐겨 입던 옷을 벗고
손톱도 가지런히 하고
공중의 빛들도
등 뒤로 던지고
호위병 거느리고 수감되던 날

내 착한 죄는 비로소
특사를 받고
황제로 등극되었지

자유를 찢으며
허공에 내던진 것은
외출하여 벌이던
불의의 손장난

이제는 평온히 수그리고 앉아
법당의 촛불 휘젓는 속에
언어가 부드럽다

눈 감고 다 버리고
졸면서 살다가
낮술 먹고 취한 듯하다
일어나지 못할라

풀의 공화국

여기는 테니스 코트
심판대 밑
민초의 나라

강한 빛 내리고 있지만
통치의 힘이 나약한
보스니아 하늘처럼
총성도 나고 국경 밖으로
맹수들도 지나는 곳

때로 주먹비가 오지만
민들레, 냉이, 망초 손을 흔들고
왜소하게 씨족을 이루며 산다

갈대 원뿔 집에서
방어할 칼조차 없는
수평 눈꼬리를 가진
족속의 땅

자물쇠 없는 문을 단
초록색 국어의
따스한 인정이 흘렀다

뮤즈의 음악까지 들리는
가난한 촌락의 뜰 안

상자

망치로
못을 친다

내 몸도 지어지기 전에는
한 토막 원목이었으리라

내가 되기까지
톱날의 아픔도 날리며

대패로 문질러
옹이도 깎고
윤기를 냈겠지

내 몸에서는
산바람 소리가 난다

여행

깊은 뼈 속까지
긴 못으로 박혀있던
시간들을 풀어 제치고

만 가을 밀잠자리로
하늘에 붕 떠올랐다

관계 속에서 곰팡난
이름들도 다 버리고

소망이란 잡히지 잃던
높은 별들도 다 버리고

내 얼굴 같던 고집도
부는 바람 앞에서
가위로 다 잘라버렸다

낯모른 얼굴을 하고
낯선 곳 고샅을 다니다

이색 동물처럼 변신하고
타인 같이 하고 온다

은행잎

은행나무는 서둘러
곱지 않는다

떠날 때 되면
제몸 곱게 물들여
연기일 듯 노래 부른다

그래야 정작 떠날 때
미련 없이 뒤 오는 이에게
고운 것 다 주고
몸 털고 가니
그래야 박수 받나 보다

스러짐이 빛남보다
더 예쁘다

세상에 한껏 웃고 웃다가
지나는 이들 길 위에
곱게 밟고 지나라고
양탄자를 깔아준다

빛나라고 더 좋으라는
소리가 없어도

오페라 보다 더
은은히 속을 울리네

어려워도 아프더라도
힘든 계단 달게 딛고
훌훌 털고 차근히
살아가라는 말 같다

범종소리를 들으며

큰 일 앞에서
종을 울리면
흩어졌던 마음이
가지런해진다

울림이 심장에 와서
차분히 정좌가 된다

모든 것을 떠나
생각도 다 비우고

돌 속에 갇힌 듯
고요로 굳어지고
조용히 걸을 수 있네

세상 것 다 버리고
입산 할 때 흐느끼던
손수건 다 버려야지

가랑잎이 작은 바람에
조락거리다 어디로 가듯
뜻을 두지 말고

속에서 나오는 고집과
얼굴에 지어보이는 것도
의도하지 말아야지

종소리도 어둠이고
생각의 바다로 가는
너른 길이다

어둠 속에서
번뇌의 때 활활 벗기며

바다 속 같은 침잠 속에 들어야
열락에 묻히는 거 아닐까

대청호 Ⅱ

큰 것은 보기 좋고
넓어 다 비쳐 보이니
속이 보인다

벗어서 예쁘지 않은게
세상에 없다

그 속에서 비밀의 집
드나들 듯 꿈틀대는 것들
보일 듯 말 듯하면
더욱 산시럽힌다

얼굴이 붉어지기도
벗기 직전의 마음 색깔이다

하늘에는 다시 박힐
새벽의 빈 집이 곱다

너를 바라보면
아픔이 네 향기에 묻혀
욱신거림이 어디로 갔나 모른다

흩어졌던 내 걸음걸이가

리듬을 찾았다

가슴이 안았던 것들
품에서 다 떠났어도
먼 데서 눈 뜨고
다른 것들이 달려오는

가슴 넓은 다스운
품속 냄새 좋다

잃어버린 사랑도
다시 호주머니에 채워진다

멀겋게 웃기만 하며
거칠 것 없이
떠가는 가스 풍선

모든 것을 가볍게
느릿느릿 멀리 가는
큰 눈동자

여울에 빠진 가을

백양사 앞 연못에
술 취한 가을이 빠졌다

조용한 뜨락과
껄껄거리며 웃는 도랑도
술 냄새가 난다

늙은 화가가 그린
초점이 흔들리는 산수화
아낙들이 비틀거린다

사람들의 따스한 눈빛이
출렁거리며 손을 흔든다

뭐라고 소리치며
하는 소리가
세상 참 좋다는 소리
폐부의 호흡으로 들린다

세상에서 들을 수 없는
따뜻한 소리가
실핏줄에까지 스친다

거꾸로 선 나무에
새들 소리는 안들려도
그 온기 속이 좋은가

꼬리를 흔들고 전신을
무용이듯 끄덕인다

실낙원을 그린 것이
복락원이 되었다

해바라기

긴 밤을 힘들게 지나와
칼 빛 아침 해 뜨면
고개를 번쩍 들고
큰 소리로 외칩니다

한 방의 팡파래로 울리는
전율 같은 기쁨

오늘도 당신을 만났습니다
하루만 안 보아도
당신 마음 둔 곳을 몰라
가슴 울렁거림으로 지새다가

눈빛을 꼭 붙잡고
피는 반가움
내 맘 같은지
하루 종일 조물거리며 만집니다

지루함도 없이
그렇다는 대답 소리 못 들어도
어둠으로 보이지만 않으면
속으로 혼자 터치다가

눈이 부시어
하나도 안 보이는 기쁨입니다

석류가 열리면

여인이 새 옷을 사서
자주 갈아 입으면
혁명의 군화 소리 들린다

담 너머로 내다보던
숫 처녀가 활짝 웃는 날

소주로 취한 얼굴에
산고가 트기 시작해서
허공을 찌른다

입을 딱 벌리고
모른 듯이 오르가즘에 오르면
세상은 수치가 깨져서
웃음도 녹아 없어진다

부끄러움이 내리고
밤에는 빛들이 흩어진다

누가 볼까 봐 가려졌던
몸 너머로 한 움큼씩 따서
가슴에 품어야 한다

호주머니 속에 넣고
밤 새워 조물락 거리며 놀 일이다

얼마나 재미 있으랴
다 까보인 맛과 빛이
뽀얀 얼굴로 보인다

그림자

바람이 불어도 흔들리지 않고
불에도 타지 않는

향기만으로 지어진
묵언도 없는 허상

몸이 죽어 땅에 묻혀도
남기지 못하는 허울의 껍질

몰래 따라 다니며
입으로 귀를 물고

너 왜 이래하며
거울에 비치면
꼬리를 말아 젖히고
지나온 발짝을 들고

리본 단 소녀를 버리고
날 세웠던
뼈를 부숴버린다

밭을 고르고 작은 씨
드문드문 뿌리고

가슴의 문 닫겠다

작은 새를 키워
부드런 말을 써서
허공에 실상을
띄우고 싶다

웃음

오래된 우물에서
덜컹거리는 두레박으로
퍼올린 하얀 구름

내 것을 다 줘도 좋다는
승인된 도장

어깨를 추워 올리며
손뼉도 한 번 치며
발걸음도 몇 번 내딛고

연못의 물 다 품고 나온
물고기의 꼬물거림

환한 대문 앞에 걸린 듯
누구도 좋다는 대문
삐거덕 열리는 자리

피어날 이유없이
시간의 뒤에서 멈춰섰던
달맞이 꽃이 피어 벙그는
고속으로 촬영된 동영상

깊은 구름에 투영된
솔직하게 내리꽂히는 햇살

승전가를 부르며 돌아오는
병사들의 합창소리
세찬 소나기 줄기 속
오동나무 잎의 흔들림

모두의 것을 합해져
얼굴에 미끄럽게 퍼지는
가녀리고 겸면쩍게 비틀고
흔들며 떨어지는
금화 한 잎

수틀

부끄런 눈빛이 떨려도
실핏줄 보듯이
드러내고 싶은
숨기고 살았던 마음을
찔러 피를 내며
그리는 아픔도 있다

꽃을 수 놓아도
수줍은 것 같지만
꽃잎에 닿으면
상처가 날 듯
예쁨은 장미 가시지

누가 흘기다가
두 손 모아 비비도록
맛난 고물 떡처럼
침샘에 홍수가 나지

삼베 바닥 같던 마음도
인조에 불이 일어나
꿈에까지 따라와

가슴에 꽂혀져

아픔으로 잠을 못들다
연못이 되기도 해서
하늘 속 것들 다 넣고

어둔 밤에는 별을 넣어
만국 보석 전시장도 된다

조금 어눌하지만
눈으로만 찔러
환하게 붉히는 시장이다

연서

한 번 보았을 뿐인데
큰 연을 만들어
산 넘고 물 건너

동네도 모르는
아득히 먼 그녀에게
두 손 모은
모습을 띄워 보낸다

보고 나서 하마 웃을까
내 손이 얼마나 뜨겁고
불이 화근거리는지
실 끝으로 타고 갈 수 있을까

첫 빛의 내 모습
크고 고운 눈빛으로
안아보고 싶기도 했을까

어제도 썼는데
살아온 날을 생각하면
또 써서 무너지지 않던 성
조금씩 쌓아질까

그 꿈머리 밭에다
장미 한 다발 놓고
모른 체 달려오고 싶다

모습보다 내 심장은
얼마나 박동질 세어
아무 노래에도
넘실 춤이 나온다는 걸
보여주고 싶다

어떻게 가슴속 진액을
있는대로 다 담아 보낼까

그 한테로만 전설 같은
우리 풍경속에서 어울리는
둘이란 걸 키우기 위해
자꾸 써 보낸다

불어 넣어도 타지 않을
육각형 수정 같이
모양이 바뀌지 않는다고

몰래 그 담 밑에 자꾸
씨를 뿌리는 거다

배고픔

들고 있던 손에서
물건이 떨어진다

누가 내가 타고 오던
작은 쪽배를 엎어뜨려서다

혼란스럽게 눈이 흔들리고
혼자 멀리 떠내려간다

눈앞에 지나가는 건
수없이 깔린 거품나고
벌름거리는 거지 모습

뛰쳐나가 무슨 짓이든
죄가 있어도
법망을 뚫고 들개처럼
머리를 부딪치고 싶다

사랑도 잊어버리고
석 자 수염이 깎이고
볼기를 맞고 옥에 갇혀도
후회 안한다

이런 길 재미있게 그리는
화가님은 안계실까

그동안 조금씩 지었던
무너져도 상관 없이
버려도 아프지 않다

빗줄기가 뿌려져
흙벽돌이 자꾸 파들어 간다

쓰러져도 안 아픈
그림자 없어진 하늘

거짓이라도 채워서
고무풍선 같이
하늘에 뜨고 싶다

압화

하늘에 치대며
다투어 피던 꽃들

보려던 사람에 꺾여
사랑의 경전 속에서
마른 소리로 독경한다

애타게 보고 싶던 사랑은
그렇게 상하지 않게
간직되어야 하지

보고 싶을 때마다
사진첩을 펴들고
꿀이 떨어지는 눈으로
첫 눈들을 마주치며

바뀌지 않은 걸
배 부르듯 깜박이고

그렇게 간직하자고
손을 마주치는
눈빛의 겹친 환호

따뜻하게 지그시 누르고
쉬 떨어지지 않게
눌림을 받으며

둘이는 서로 눌려지는 꽃

편지를 부치며

편지를 쓸 때는
온갖 구름 곤두박질친다

먼 데 가는 곳까지
향 묻은 구름이 몇 번
왔다 갔다 한다

왜 나를 덜 사랑하나
화끈하게 불이 사위어 간다

잘 타는 것에다
기름을 바르고
활활 불을 붙여 보내지만

뱃 속 것 다 빼어 보내도
이번에는 불이 환하게 켜질까

우표를 밥풀로 꾹 눌러 붙여
해넘이 노을에 부쳐 보내면

사나흘 잠 못 자고 기다리면
나팔 소리 나는 빨간 소식 올까

또 며칠 시간은 열 배로 늘어난다
꽃나비가 날아올 날
목 빼고 기다린다

제2부

잔인하게 피는 꽃

잔인하게 피는 꽃

봄에는 잘 덥혀진 이불로
웃음의 뿌리를 건드리듯 하지만
울음의 기초신경을 건드리기도 한다

종이 울리고
특급 기차가 달리듯
꽃이 피는 것 같지만

산모의 부숙한 얼굴 뒤에서
눈도 뜨지 못하고
세상도 알지 못하는
맹인 아이 같이

어둠 속으로 가야하는
휠체어가 보이기도 한다

바람이 갓 핀 꽃을 지나면
얼마나 아플까

아파도 통증에 오므리지 못하고
바이올린 선율 따라
흔들리는 작은 발바닥
얼마나 시릴까

정말 꽃을 아는 이는
감격도 사치스럽다

그저 펑펑 울며
오고 싶지 않은데
잔인한 필요에 떠밀리어
하문이 열리고
땀이 뜨겁게 떨구어지는데
나는 그에게 미안을 줘야 한다

이제 더 이상 꽃을 좋아하지 마라
잔인한 소비다

꿈밭의 철새

벼를 거둔 논
비옥한 살 위로
버석거리며 들어온
한 떼의 짚시들

뭐라뭐라 지껄이며
떨어진 걸 주워 먹으며
노다지를 주은 듯한 날
하늘은 유난히 파랬다

무대에 춤이 일렁거리고
노래가 파도치고
따분한 종이들이 찢기고

검불에다 불 놓은 듯
하늘에 보얀 연기로 가득했다

살다 보면 이런 날도 있네
원인도 없이 수지맞는 일
잔치는 날마다 계속되고

쌀독에 쌀이 떨어지면
주인이 사 오겠지

군무를 짓기까지
까닭 모를 기쁨에
호두를 까다가
화톳불이 환할 때

새 지도를 펴들고
까욱 까욱 끼드득
부스러진 언어를 남기고
줄지어 가겠지

불곰 사진 찍기

불곰은 낮에
풀숲에서 잠을 잔다

그 모습을 찍으려면
떠들고 다녀야
그가 잠을 깬다

수컷 불곰은
암컷이 새끼를 데리고 있으면
암컷과 사랑의 간격을 좁히기 위해
새끼를 죽인다

몇 백 키로나 되는 덩치지만
알을 낳기 위해 강에 다다른
붉은 연어를 잡아먹기 위해

암컷과 강물을 뛰어다니며
연어를 당황하게 한다

찌꺼기를 얻아 먹으려
갈매기가 나는 곳엔 연어가 있다

수컷이 연어를 잡으면

암컷이 뛰어들어 뺏어간다

새끼를 주려는 것이다
모든 동물은 수컷이
암컷에게 빼앗긴다

새끼를 죽이며
사랑에 가까이 해도
그 새끼에게 먹이려는
암컷의 사랑에 져주는 것인가

강 I

하나로만 길게 늘이어
가고픈 길로만 달리는
오롯한 모습이 곱다

사랑을 하려거든
첫 마음 하나로
미운 마음 뛰어넘고

잘한 것만 찾고 찾아
비가 오더라도 좋고

물이 얼거나 흐르기 어려워도
눈물 나게 싫어도

고운 손을 잡고
흘러가란다

눈을 기다리며

이국땅 모서리에 서 있나
입던 옷을 벗어 놓고
타인의 손가락 끝에 서 있는
벗은 몸 같다

날이 좀 싱겁고
무얼 덮어도 추울 것 같지만
포근한 말 속에 갇혔다

어리석은 일들을
덮으면서 다독이던
풋풋한 포대기

잃어버린 것도 없는데
큰 것을 소매치기 당한
상실감으로 잔소름이 돋는다

지나가던 시간의 새끼들이
기억에서 가까워지고
지나갈 것들이
우주의 다른 행성에서
변형된 모습으로 올 것 같다

참으로 보고 싶은 것은
늦게 오는가

아주 늦게 오려고
느낌이 기다려지나

잠들기 전에

세상이 안개에 쌓여지고
닭장의 발소리도
홰에서 멈추어가면
뒤돌아서야 할 때인 듯
허기가 빠질 때
커다란 키가 하늘을 덮는다

다시 일어날 거라던가
다시 못 일어날 거라는
무서운 생각도 없이
무릎 꿇을 일도 없고
경범죄도 없지만

세상법이 다 깨진
참된 자유 천지로
슬퍼할 사람 하나 없이
묘지에 드는 거다

요란한 팡파래는 없어도
모두 사랑해보고
어디인지 모르는
찬란한 여행을 떠난다

낯선 지역에서 어렵더라도
모두 나 같은 사람들 속이라고
믿고 가 보는 것이다

어제처럼 하늘 찢을 듯 솟던
기쁨을 잉태한 산모처럼

냇물을 보며

마후라를 날려 가며
앞을 지날 때는
머리칼까지 떠 보이더니

어느새 저 아래까지 갔네
시간을 당기어 잡는지
시간을 깨고 가는지
잡을 수 없는 걸음

그들은 소리를 이으며
뒤로뒤로 한 줄로 잡고
돌아오지 못할 길이라고
달려가고 있네

얼굴을 내밀고 쳐들지 않고
돌아돌아 굴리는 대로
보이라고 이마 숙이고
같은 마음들이다

그렇게 흐르다
조용한 강물이 되어
바다에 가서는

지나온 길이 좋았다며
높은 산의 파도를 일으키고
예쁜 혀를 모래 위로 내민다

섣달 그믐날

큰 강물을 한참
건너고 있다

언덕에 무성하던
근심 같던 풀들도
어떻게 잉태해
새 그림을 그릴지

기약 없이 헤매거나
어디에 잠겼는지 알 수 없는
불확실한 터널이다

어쩌다 몇 마리 새들도
텅빈 골목을
푸덕푸덕 날아 다닌다

센 바람이 산불 퍼지듯
가슴마다 뜨거워지는
횃불이라도 들고 싶다

천지를 쩌렁쩌렁 울리는
징이라도 깨져라 치고 싶다

칠 년 치매로 돌아가신 어매가
꿈에라도 왔으면 좋겠다

정월 초하루

눈이 온 아침
첫 발짝을 내딛는
설레임의 발자국

어디로 얼마를 갈지
끝 갈 곳을 몰라
두근거리는 가슴

새 신부를 데리고 오면서
낯설면서도 선한 기쁨

어찌 될지도 모르는
위태한 여행의 시작

꽃 피는 날에도
비 오는 날에도
참으며 곱게 살아야지
지쳐도 급하게 걷지 말아야지

혹시 멈추어 서지 못해도
무지개를 보던 날을 생각하며
끝을 잘 낼 수 없더라도
웃으며 숟갈을 놓아야지

미움

단풍 같은 마음이 있다고
느껴지지 않아서
아직은 그림자 덮은 듯
지나던 구름

서로가 참말이라고
우겨대던 붉은 입술

모두가 진실이었는데도
그리워할 수 없다는 줄 알고
손 저으며 뿌리쳤지요

내 속에는 어떤 꺼풀이 붙었나
당신 속에 어떤 얼룩이 붙었나
이따금 그걸 모르고
문을 닫았다 잠그기도 했지

살던 집을 떠나
버릇에 묶여 살며
입던 옷 갈아입어 봐야
 내가 밉던 것들이
색동옷으로 느껴질지도 몰라

사랑 II

차마 아까워
신화적 동굴에 감추고 싶은
비밀스런 보석

몰래 꺼내서 보고 싶지만
때묻고 빛이 흐려져
돌아설까 봐 겁이 나고
조심스럽다

나는 그의 실에 묶였다
다른 데 고개를 안 돌리고
황금빛 브로치를 차고 산다

누가 먼저 떠나도
우리는 끝이 없는 계약
영혼은 같이 할 거다

끝없이 보물을 자랑할 거다

바다를 보고 온 날

바다를 보고 온 날은
중죄의 형벌을 버린 느낌

바다를 보고 온 날은
왜 사는가 짚어지는 느낌

바다를 보고 온 날은
미운 사람들이 모두 없어지는 날

바다를 보고 온 날은
내가 아픔 없이 작아지는 느낌

바다를 보고 온 날은
세상을 넉넉히 떠날 수 있다는 느낌

대둔산 단풍

만 가을 바람 지나며
몽당 붓 끝에서
불뚝불뚝 일어나
보석들이 꽃 피는
화폭을 본다

가슴에 강물이 울렁대며
가슴까지 차오른 깊이에 빠져
헤엄을 치는 기분

푸른 날 힘쓰던 손
부르던 깃발 같던 노래
밤 새우던 사랑의 들길

땀 흘려 거둔 곡식
탈곡 소리 요란스런 소리
천둥 같이 들린다

온 몸에 휘감기는
고운 비단결
온 몸이 다 부서져
날리는 금가루

허공에 다 부서지고
큰 사람 같은 짐을 진
황제의 걸음이다

겨울나무

입던 옷 훌훌 털고
미끄러지며 뱃속의 말을 한다

그렇게 달콤했던 사랑도
그렇게 슬펐던 일들일 것이다

칼날 끝으로 미끄러지며
뒤로 가는 것들을 보면
모두 상쾌한 지나침이다

젊음을 모두 버린 것 같지만
멀리서 보면 그런 한 해들이
해넘이 추억 같다

추울 것 같지만
이불로 북덕북덕 포근하지

긴 사고가 끝나고
굳었던 관념이 풀리면
작년보다 조금 더 낯설고
손에 조금 덜 익지만

새나라 지도를 들고

만국을 달리는 꿈속

새 옷을 입고
스케이트 타고 달리고 싶다

별들이 사랑비를 맞고
누리던 것들을 다 털어낸
겨울나무

옹이

힘들여 빼지 못해서 남은
흉터가 아니다

잊고 싶지 않은지
기억하고 싶어서인지
유전자처럼 지울 수 없고
떼어낼 수 없는 함유물이다

세월을 가다 보면
더욱 굳어지고
단내가 난다

의심스러워 태워보면
연기는 요란하지만
냄새가 향그럽다

떼어낼 수 없는 이유
단단하게 굳어진
마음속 무언가
깊은 사연의 연못

무지개를 보면

소리없이 공중에 걸린
참 고운 피륙같은 게 걸리면
내 옷감 지어질 것 같아
눈 가득 호사로 눈물겹다

가난으로 안아주는 이 없이
내 몸 여기저기 쿨쿨히 나던
역한 냄새로 고개 숙일 때면
심장소리도 너무 약해졌지

스러진 것 같은 시간들
여기저기 절리고 아팠던
퇴행성 연골들이 놀라
근력이 생겨나기 시작해

일곱 가락에 걸터 앉아
목놓아 소리치고 싶지
야 신난다

분꽃

마실 가서
모시를 삼다가
마당 끝에
분꽃이 피었나 살폈지

분꽃이 피면
저녁을 해야 하는데
어쩌다 핀 지가
한참 되어도 안가면

시어머니 불호령이 나니
며느리들은 분꽃이
시어머니 눈빛 같았지

조금만 늦어도
조그만 일러도
혼낼 핑계 찾던
시어머니의 고약함이
어디서 우러나서
혼낼 일을 찾았지

분꽃의 목을 길게 쳐들고
공중에 올랐다가

얼마 안가서 시드니

시어메 눈꺼풀이
바르르 떨리며 내던
불호령을 내가 만드는지 몰라

이제는 늙어 빠져
분냄의 꿈이 아니지만
아직도 붉게 익은 색깔만으로도
무서운 그림자가 어린다

부루스 코로나

솔직히 말해봐
그간 만나고 싶지 않았는데
억지로 만난 적도 있지

만나서 쨍하게 반가운 적
별로 없었잖아

이렇게 건너지 못하는
강을 앞에 두고 보니
징그럽게 좋기도 하잖아

강물이 줄지 않고
너무 오래 가로 막으니
거짓들이 손에 잡히네

이제부터는 만나는 걸
죽음 같더라도 싫지 않게
장미꽃 한 송이 건네 받듯
손을 흔들어야 해

거짓을 뒤집어 봐
요술쟁이 보자기처럼
다른 색깔의 마음

쉽게 할 수 있었어도
말은 비추지 않았지

눈은 다른데 돌리지 말고
너만 보고 가야겠네

새벽 하늘

대낮에 소리 지르던 빌딩 끝에서
빨간 불이 번쩍거림은
혹시 비행기 같은 것이 와도
걸리지 말란 뜻

공원에 아직은 덜 삭은
노계 한 분이
바퀴를 돌리고

하늘을 향해 내지르는
교회 십자가들이
은빛과 붉은 빛으로
간장을 태워가며

눈에 그런 물빛에 비추며
하늘에 풍선을 올린다

높은 아파트의 키재기
따지고 보면 자랑이다

땅에 발을 딛고 서서
또 한 장의 역사에
첫발의 직전

말의 달리고 싶다는
소리 들린다

건널목

기다리며 살아야
건널 때 기쁘다

몇 십 년 같은 기다림
파란 물 강속에 들려면
길고 붉게 따가운
가시들의 좀 쑤심이
풀려져야 살만함을 안다

그래서 사람들은
사랑하다 얼굴을 바꾸고
돌아서는 버릇의 리듬을 타나

바뀌지 않는 것
존재하지 않는가

젊다가 늙는 것도
살아 있다 죽는 것도
건너가다 되돌아서지는 않는다

이루어질 수 없는 기적이랄까
건널목이 섬이었으면
수억 년 촐삭대는 파도가

두드려도 떠가지 않듯

외롭거나 지루하지 않듯
호주머니에 잠자던 것들을
하나씩 꺼내어 보듯

혼자라도 당당히
한송이 꽃을 보고 웃듯

느린 염불로
목탁을 너울너울
두드리며 세지 말라

그리고 한덩이
흔들리지 않는
돌로 서 있는거다

그래야 네 길이 빨라지고
잘 되어서 날개가 돋치지

잠

고단하여 뉘이고 싶어
불러 옆에 두고
사랑에 빠지고 싶은
맛난 메뉴의 바라기다

어디로 갈거라고는 믿지
어려운 곳으로 떨어질거라고도
조심스럽게 수긍하며
마약 같은 마취이긴 하지만
하많이 빠져 봤지

배 위에 덥지 않을 만큼
이불을 올리고
사형수가 처형을 기다리듯
눈 속에 가물거리면
어떤 누구도 다 좋다
뭣을 달래도 다 준다

아픔의 파도만 일지 않기를
최소의 기도를 마치고
목이 매어 공중에 대롱거리듯
몽롱한 안식이 오고

내 영은 어디로 가는데
가고 싶은 곳도 없고
가서 잘 돌아오기만 바란다

차를 타고 가려면
울퉁불퉁한 길에서
몸이 이리저리 흔들리듯
자다가 이리 저리 뒤채다

잘못하면 잘 가던 곳
재미있고 신나던 것이
끊어지도 한다

황야 같은 벌판을 살다
몸을 낮게 뉘이고
내 놓을 것 다 내놓고
버릴 것 다 버리고

하릴 없이 뒷짐지고 가는
꿀 같은 잠

혼자 사랑

그녀를 생각하면
하늘이 온통
블라우스 색깔

어둔 밤에도 초록치마
눈이 감겨지지 않고
입속에도 그런 색깔
풍선이 오물거렸지

등대불 같던 눈
내게 비추면
몸이 구멍날 것 같아
그런 총이라도 정면으로
맞아보고 싶었지

나는 왜 그리 못났나
아프리카 소수
검은 종족의 아들

그 손이 내두르는 짓
큰 오케스트라 지휘봉

그녀 주위로 흐르던

감미롭게 부서지던
황실의 부스러기

금으로나 은으로
만들어 손에 들지 못하고

등 뒤에 두고
호흡이 제자리로 오고
그녀로 향했던 바람
느끼기도 했지만

그 장미가 상처
없었는지 걱정하며
조용히 호주머니에서
손을 뺐지

구름이 호사한 날

저렇게 색다른 모습
얇고 파란 흰 털빛 보면
아프던 것도 다 잊히고
걱정스런 일들도 스러진다

호주머니에서 보석이 쥐어지고
입속에서 모두를 사랑하는
진주알들이 다그락거린다

어쩜 원숭이 같던 내 눈두덕
오늘은 모두 조화롭게 깎였다

어느 날을 위해 연습한 것들이
오늘 양탄자 위에 깔렸다

자유의 종 울리며
어디로든 날아가며
끝없이 떨어지는
낙하의 홀가분함

종소리로 더 가벼워지고
조금씩 무거웠던 것
다 떨어지도록

한껏 웃고 싶다

네가 금시 사라져도
품으로 깊이 안겨서
나를 벌럭 벌럭 흔드는
누이 같은 너의 손

조금씩 닦아진 심장
이슬 같이 공중에서
곱게 뜬 너를 보며
너를 가슴에 몰아쥐고
등을 두드리면
어미의 젖냄새로 잠든다

오늘 백제

삼충신 모신 부소산이 움틀하면
고란사 새벽종 울리고

충혼 붉은 사비성 후손들
와당 속 길 살아서
백제의 역사 높아가고

서동왕자 선화공주 닮은 후예들
사랑꽃 피우며 수륙양용버스 타고
오늘 백제를 보네

마래 방죽에 핀 천만 연심은
대향로 앞에 촛불 들고
간절한 기도로 국태민안 지킨다

언제 누가 찾아와도
노래와 춤이 절로 나오는 곳
오늘 백제

연 蓮

황족의 옷 입고 하늘 향해
목을 젖히고 빤히 웃으니

뱃속의 아픔도 삭히고
마음에 불이 켜져 공중에 뜬다

비가 오면 큰 소리로 노래 부르고
달밤에는 발레로 미끄러진다

천년 너머 내려온 황제의 후예
누구에나 넉넉한 마음 주지

손 잡자고 내밀면
비단결 손에 잡히어
왕과 왕비가 되어

영원한 나라 구경시키러
꽃마차 태워 공중으로 띄우네

숲 I

카오스로 덮이면
묶음을 내는 아픔

서로 보지 못해도
움틀대는 몸짓들
서로 보면 꿀맛이 생기고

그리움들이 떠올라
그 자리가 포근해지는데

다가올 가시덤풀을 봐도
주먹을 쥐고 다짐성을 쌓는다

다시 어둠은 바다가 되어
뿌리박은 자리를 털고
수평처럼 꿈속을 나른다

어깨가 뻐근해도
웃음들이 산판의
어둠을 짙게 한다

마구 그려놓은 묵화에
붓자욱이 수없이 지나서

생각의 앨범
날마다 두꺼워간다

벚꽃 피는 밤

꿈틀거리는 가슴 속
하늘에 싸였던 떡부스러기
그 맛 별빛 되어
한 날 한 날 기다렸는데

뜨거운 불에 튀어나듯
하늘에 가득한
낯설고 부끄럽고
조요로운 모습

비로소 가슴이 텅 비고
외치는 소리 따라
불꽃 피듯 치솟네

이런 날은 높은 것도 없고
잔잔한 리듬을 따라
불꽃 피듯 치솟걸 보니
내가 제일인 걸
혼자 아네

살면서 가장 높은
한 여름 매미 소리 난다
소나기 맞고

진꿀에 혀를 대고 떼지 못한다

누구라도 사랑 할 수 있다

세상의 쓴 맛이
어디로 갔나 모른다

무덤

약해지면 안된다고
외치며 산 이들이
시간을 버리고
어디로 갔는가

별같이 띄우던
꽃 같은 것들
다 떨어뜨리고
여기에 다 묻혔단다

그래도 볼만하다고
합장하며 기도하네

잘 가라는 소리도 못했지만
와 보면 만나는 것처럼
영의 하모니가 들리는 것 같네

잊고 싶다

구름 속으로 버린 기억
잊고 생각 안나면 좋겠다

미운 점 보여도
안 본 듯 잊고 싶다

밉다가도 살갑게 웃고
예쁘게 손잡고 싶다

바꾸지 못하는
독사의 세끼라도
너풀너풀 잊으며
춤추는 나비로 보고 싶다

죽을 때까지 어둠을 잊고
촛불을 켜들고
어둠을 모르게 밀어내고

싸리비로 마당을 쓸 듯
수북히 쌓인
눈길을 내며 살고 싶다

선물

네게 준 선물 속에
장미 백 송이 없어도

장쾌한 오페라 서곡으로
공주로 맞는 내 마음

소리 없이
오래 전부터 만들어 온
사랑의 노래와
춤들이 다 있어

나를 믿어줘
열어 보고 어둡거든
불을 켜봐

나를 좋아한다면
만 송이 붉은 장미와
백 캐럿의 반지와
황녀가 입던 옷
왕관이 보일 거야

나는 지금 너무 좋아
그런 연주를 다 했거든

비뚤어졌으면 내 악기도
바로 잡으며
네가 긋는 현 따라 갈거니까
보석 소리가 날 거야

이제는 더 믿어지지
이런 장엄한 음악회
그런 노래 부르려고
네게 준 거야

마칠 때까지
더 금가루 쏟아지는
그런 노래 부르다 마칠거야

개구리떼 울음

모내기를 막 마치고
개구리밥이 논에 가득 퍼져
공간도 뭐라고 쓸 말도 없을 때

개구리들이 떼지어 와서
지휘자도 없는데
박자도 잘 맞추고
와우 와우 우는가 웃는가

물빛에 눈만 내놓고
울어대는 초저녁은
세상에서 제일 큰 관현악단이다

모심느라 노곤한 농부
눈꺼풀 간지럽히며
저 하늘 위 새나라

꽃 좋고 새소리 좋은
사랑의 나라로
훌쩍 데리고 간다

연주하면 또 하루
먼 별나라 황실 연주단들의

황홀한 가락과
달콤한 리듬의 심포니

밤새워 구경 다 시키고
하루종일 자운영 논에서
맛난 벌레 혀를 뻗어
뱃속 가득 잡아먹고

저녁 때면 어제 그 자리로
오선 음표 가득한 책 들고
모포기 사이사이로 모여

처음 와서 연습 몇 번 해도
잘 맞는 연주를 하네

돌부처

오래까지 말을 잊고
뭐라고 형언도 않고

바람에도 쓰다듬이며
옷고름 하나까지도
흔들리지 않는

고요로 굳어 보이며
살아있는 모습

조용히 내려가다 보면
단정히 고와 보이고
참았던 말들이
눈가에서 튀어나온다

뒷 턱에 산보다 더 큰
하늘 속 채색된 바람이
병풍으로 둘려 있다

생각으로 오물거리고
그 생각을 뒤집고

어제의 마음에다

새집을 짓다가
고치다가 올리다가

입 다물음으로
묵혀온 말문 열지 않으니

더 빛나는 말로
마음 뒤뜰로 흘려오겠지

벚꽃이 지고

어둠을 다 먹으면
밤낮 은빛 세상

할 말을 다 하니
세상은 고요에 뜬다

악보는 없어도
묵시의 걸음이 가만히
다가와서 살래살래 흔들더니

노래를 길게 펼치고
눈 속에 그렁그렁 짓거리다

온통 취해서 눈이 가느스름할 때
그들은 모국어를 버리니
은화의 나라가 되어
폴락폴락거리며 발에 채이네

얼마나 그리워했으면
발짝 뗄 때마다
묵언의 말소리
귀에 걸리고

엷은 치매 중에 물들
의식의 휘뚱거림과
어눌한 혀가 펴지지 않네

꽃 Ⅱ

눈을 가만히 뜨고
아가미가 발록거리며
며칠 지나고 늙어가며
살아온 길을 돌아보면

머릿속에 수놓은 듯
따끔한 것들이 하얗게 바랬다

앞정갱이 벗겨지도록
어둠도 밟으며
산모퉁이를 돌아 돌아
피우기 위해 달렸다

피우고 나서는
사람들의 눈 빛이 쌓여
발이 무거워 숨이 찼지

이제는 안타까움이
머리 위에 안개로 내리고
고와도 버려져야 하니
종기 같은 통증이 오지

구두를 닦고

떠날 차비를 하며

예쁨 받은 날
걷어 잡고
가려 하니
가슴이 설레네

나눈 인사도
너무 예쁘네요

그래야 갔다가
또 오고 싶지요

어느 날을 위해

그날을 위해
신발끈을 조이고
칙령 같은 각오로
철망 두르고

어디 금이 가고 있는
몸인지 봐야 한다

고치기 어렵다고 말할 때
길을 잃고 방황할까

그런대로 하루하루 씹어 먹듯
먹구름 그늘 속을 지내도
살아만 있으면 다행이라고
생각하며 살아갈까

계절은 이리저리 바뀌어
뱃속에서 따발총 공격을 받고
받치던 기둥이 무너져
울어도 그치지 않으면

무너뜨리고 찌르는 아픔도
살가운 음악으로 만들어

쓴 웃음이라도 짓고
세월 앞에 기우뚱히 서면
총소리도 사라지려나 몰라

벚꽃길

한 마디 얘기도
못할 것 같더니
새벽녘 싸늘함으로
식어지나 했더니

며칠 전 장작 난로 문이
열리는가 싶더니
우루루 고개를 들고
시끄러운 풍경 속에서
아가씨 속눈썹 터지며

첫날밤 아내의 저고리 안섶을
처음으로 열던 떨림으로
와르르 하늘을 열었다

몸통도 여린 가슴도
보일 듯 말 듯하게 가리며
어깨 큰 가슴을 쫙 펴고
순정을 허락하고 있다

모두에게 주는 줄 알고
손에 손잡고
밀려오는 파도 같이

한껏 받으니

한 잔 술이 없더라도
자기 정조를 허비해도
좋을 맘으로
하늘로 쫙 편다

나비

몽글몽글 입김으로
공중에 피어나는 아지랑이

눈높이로 떠서
펄럭펄럭 나르는
영혼의 그림자

어느 결에 살갗
여기저기 찢고

번데기로 생명이 없는 듯
가는 실에 매달렸다가

지금 내 어깨 속
움찔움찔 아프지 않아도
찢고 나올 기운

눈속에 찰랑대는
화창한 봄날의 여신

세상의 막힌 문
모두 열어젖히고
바람 없이도 리듬 타고

보이는 순정의 사랑

잡힐 듯 집힐 듯
나온 네들의 거리

그를 본 후로는
가장 뜨거운 연못에 빠져
나오지 못해도
숨차지 않는다

따뜻한 손 잡아 주고
앞에서 웃음 조각 떨어뜨리고

거대한 궁전 꽃 대궐
왕 알현이 멀지 않다

약속

하나의 실을 나누어 잡고
양 끝을 잡고
마음을 같이 먹자고
무지개를 띄웠지

약간 머리를 치는
몇 모금 숨도 길고
표독한 벌칙도 있지

실끝만 안 놓으면
작은 사탕도 달렸지

실을 가지고 오래 살다
어느새 풀려나가
길 바닥에 깔리고 나서는

가끔은 잡았던 실을
잡았던 실을 당겨봐야 하는데

잡았었나 잊으면
문을 닫지

실은 끊어지거나

손에서 놓쳐서 늘어지면
둘의 역할은 없지

가슴끼리 묶어두는
금실의 다리
약한 것 같지만
끊어지지 않지

시간

허공에 걸쳐진 철로
헛디디면 바닥이
없는 곳에 떨어져
호흡이 멈춰지고

준비 없다가 당하면
불에 타고 재만 남는다

때로는 그를 건너며
혼자 사랑을 만지기도 하고
미워하던 손을 쓰다듬으면
밝은 눈을 볼 수 있다

그 위에서 춤을 추고
세찬 목소리로 노래도 부르고
신나게 젓는 사공같이
힘 있게 달리기도 한다

한 없이 늘리면 호수가 되어
그 속에서 하릴 없이
몸을 담그거나
몸을 띄워 물장구 치고
가지 않아도 고요하기만 하다

빨리 가려고
고속철을 타지만
지침이 있어도
타박타박 걸으면서

천년을 살 마음으로
입 맛 다시고 맛있게 먹으며
눈으로 보면서 가고 싶다

해변

누가 알 수 없는 말로
노닥거리며 밤 새워
걸어오는 여인의 차마자락 소리

지난 여름 추억 조각
부딪던 웃음소리

두 입술 사이에서 떨어진
달달한 조각들

가슴 부비던
간지럼보다 지긋한
살속을 파고 들던
원시부터 지금까지
똑같은 맛의 흐름

여러 조각들이
몸들에 부딪듯
자그락 거리며
밤새 걸어온다

비듬 떨 듯
다 떨고간 사람들

빈 그림자가 이울대는
파도에 비치고

그들은 지금도
불꽃을 하늘에 터치던
감각으로 조금쯤 떨려오겠지

어쩌다 와서 파도를 밟으며
밀려 흩어진 감촉을 찾겠지

항구

낮에는 소리질러
드나듦은 알리고
밤에는 키 큰 등대불로
길을 밝힌다

외로울 땐
수평선 너머로
얄미운 사람 생각나고

밤이면 꿈의 나라
별 속 낯선 길 생각난다

언제 구겨진 길을 헤집고
그들을 다시 찾나
깃발 흔들며 오는 때마다
그가 왔는지
뜨거운 눈으로
헤집어 찾지

오는 이들마다
오래 살려고
오는 이는 없고

고운 옷자락 만지고
가는 사람들
분냄새만 흘려놓고 가네

잡아도 떠나기만 하고
따라 갈 수 없고
미운 사람들의 눈만
허공에 떠가는 곳

산사

도랑 옆으로 꿀럭꿀럭
흘러가는 시냇물

세월 없이 달려가며
닦아야 한다기에
불경 몇 구절 펴면

뒤꿈치에 도포자락 휘감으며
거북이 등 같은
북소리가 구겨져
가슴에 쌓이네

큰 키로 솟아오른
구층 석탑 불기운 옆에
핀 듯 진 듯한
속세 꽃 몇 송이
하늘에 흰 구름
이 한 여름에 곱네

낙엽 구르듯
목탁 소리 법당 앞에
또르르 구르면
극락에서 부처님 뵌 듯

불전 앞에 달려가
공경을 다하여
마음의 보석
캐서 드리는데

밤은 깊은 동굴
촛불은 속세를 쳐다본
검은 때를 태우네

좋은 것

가늘게 눈을 뜨고
가슴을 약간 좁히면

마음이 따뜻해지고
한 송이 장미가 피어난다

붉은 색이
훈훈하게 만들어지고

색이 연해 갈수록
좋아 보이고

고소하고 달착지근하면
입속에서 말로
큰 깃발을 내두르기에 좋다

맛있고 보기 좋은 건
다 좋다

사랑하면
무지개처럼 좋다

웃으면서 하면
다 좋다

탈춤

허세로 가득한 세상
긴 소맷자락 내두르며
오던 길 돌려치며
허사로고 허사로고

긴 수염 쓰다듬어
호박단추 덧저고리
긴 담뱃대 고추 세우던
양반님네 별거 아녀
양반님네 별거 아녀

무명적삼 보리밥
김치 한 가지로 살며
호된 시집살이 살아도
음률처럼 중저음으로
나풀나풀 미끄러지네

얼굴을 가리고 내 너 얘기
달빛 속에 퉁소 가락
장고로 우당탕탕

부서지고 깨지고
사지를 요동치는 사연
꽃 같고 나비 같네

얼굴 I

빤히 보이는
기상관측도

작은 사랑은 작게
큰 사랑은 크게
그림을 그려놓았다

미워하는 마음은
검은 구름으로
어둡게 지난다

골을 많이 지으면
몇 억 돈보다
부자스런 배부름

앞 사람에게 배를 불리고
황제의 옷을 입히고
뱃속을 뜨겁게 한다

달큰하고 너른 평야
너무 고와 만지고
평생 옆에 두고 싶은
보석 항아리

섬과 산들이
모습은 달라도 어울려

흔들어 춤추는 모습
꽃보다 곱다

삼월

긴 식민지 시절
등판에 남은 가려운 흉터

얼음장 밑으로
날로 커지는 만세소리

먼 나라로 숨어살며
얼었던 독립투사들 발소리
달려오는 소리 난다

꽁꽁 굳게 쌓였던
생각들이 크게 소리를 지르며
하늘 찌르고 솟구친다

누구나 이제는
할 말 다 할 수 있다

잘 못한 것 잘못했다고
이렇게 하라고
배고프면 밥을 달라고

우리 것은 건드리지 말라고
말 할 수 있다

칼 앞에서 방패도 없이
찌르면 아프다고도 못하고
마음대로 울지도 못했는데

이제는 소리도 지른다
네 편 내 편도 없다

모두가 한 편
풍악치며 춤추면 된다

한나절 놀이도
배 고프지 않다

자유에 배부르다

제3부

늦가을

늦가을

도시의 중앙로엔
가로수가 베어져
어두운 하늘에
두려움이 술렁거렸다

마음 약한 이들은
부서져 낮아지는 빌딩 사이를
조심스럽게 걸어갔다

여기에 침투한 자들은
누구인가

내일 아침
관청 옥상에 깃발은
어떤 것으로 바뀌어 걸릴까

오늘 저녁엔
또 한 차례의
진압작전이 있을 것 같다

내일
강제로 끌려가다 벗겨진
신발과 돌부리에 긁힌
살점들을 청소부가 쓸고 있겠다

중환자실에서

술렁대는 소리
곳곳에서 들린다

이승과 저승의
거리는 얼마인가

허락 받은 순서로
질퍽한 신음이 번지는
병실로 간다

잿빛 바람에
부산한 가습기
고압산소가 일으켜 세우는
삶을 보고

들리는 듯
마는 듯한
소리 소리

어젯밤
잠결에서 듣던
그 모를 소리를 듣는다

누구는 어제 먼 곳에
잘 갔을까

누구는 헤매일까
누구는 눈을 번쩍 뜨고
조금 더 세월을 기다리고

묘지 앞에서

구름 낀 날
신도 신지 못하고
담배 한 대 타려 물고
작은 손가방 하나 없이
훌훌 떠나가더니

이제 소리 없이
여기 양지 쪽에
앉아 있는가

저 풀잎 위
한 방울 이슬로 스미어
하릴 없는 바람에
영혼을 뒤척이며
그대 무엇을 하고 있는가

가슴에 와 찍히는 눈빛
헛된 무게를 들고 떠돌던
나는 묘지 앞에
무거운 피의 중량으로 앉아 있네

밤마다 껍질 벗으며
기억의 뿌리도 캐서 보며

꿈을 바라며
밤을 지새네
그대 묘지 앞에서

목련

두꺼운 옷소매 떨구고
봄바람에 눈 뜬 모습

뽀얀 솜털
순백의 고운 입김

시샘으로 흩어지는
꽃잎

이제 한 소절의 연주가 끝나고
어둠 속
종이 등으로 떠오르는
네 모습

오랑캐 꽃

언 땅
돌 틈을 헤치고 내린
보랏빛 얼굴
두어 송이

머리 쓰다듬던 할아버지
무덤가에
쌓인 눈 녹아내리며

새풀 속에서
까치밥도 돋아나고

푸른 하늘을 이고
바람을 날리며

퍼런 눈에서
새벽별 같은 눈물이 돋았다

계절을 부정하네

겨울꽃

커텐에 매어달린
햇살을 보다가
미소를 머금는다

폐결핵 4기의
웃음꽃이
눈 속에 곱다

꽃 Ⅲ

땅을 짚고
자란 대궁

어둔 하늘에 뿌리는
빛의 살포로
하늘이 열렸다

가쁜 숨결과
원시의 눈빛

잃어버린 나와
알지 못한 네가

화사하게 일어서는
꿈의 율동

왕촌

진열장 불빛 속에
어릴적 손에 들렸던
유산이 전시되었다

별을 따서 엮고
달을 따서
깨물며 살던
폐허된 왕촌에서

꿈에서만 떠오는
어린 기억

녹슨 칼
피 흘리던 날의 얼룩

빛 바랜 안장
오늘은 구경거리가 되었다

다듬지 않은 돌
얼굴쪽이 떨어져
내 앞에서 뒹굴고 있다

천제단

허공엔 형상도 없다

구름 흐르지 않고
무더기로 선 철쭉
창세의 고운 빛으로
피어 있었다

하얀 눈썹
이슬 서리지 않는
가죽신으로 뛰어내린
그 분의 장식

안개 걷힌 지금은
창조가 끝나고

손자국 난 오지그릇에
차라도 한 잔 쯤 나누는
시간이었나

하늘의 제단
객꾼은 무릎 꿇고
부챗살 펴든
햇살이 돌고 있는

원형의 돌 울타리 안

한보검의 향불은
하늘로 타오르고 있었다

가을비

가을비 소리는
정신이상의 부인과 사는
스승님 부엌에 쏟아지는
우울이다

젖어야 할 잔디는 죽고
말라야 할 우수는 살아
지난 날이 물길 되어 흘러간다

요절한 이가
돌아볼 사이 없이
뛰어 넘어간
이승 너머 철책을 만난다

날아도 잡을 것 없어
추락하는 꿈이 보이는
독수리 눈빛의 하늘

비가 그치면
망토 모자를 쓴 아이
스케치 붓질이 바쁘겠다

바다에 버리고

주머니를 뒤집어
한 움큼의 욕심을
바다에 뿌렸다

속 무거워진 마음이
이곳에서 백기를 흔들 듯
하얀 가슴 내보이며

모두 비워내
바래진 이름마저
신혈로 보내고

아무도 모르게 내리는
바다는 잔잔하다

뱃전에 부서지며
하얗게 떠내려가는
지난 날의 거품

빈 가슴
바람에 날리고

한 여름 햇살이
화살로 꽂혔다

이 가을에

칼 빛 서슬의 하늘

밤 새워 사립문을 뒤흔들던
바람도 자고
난간에서 대롱대던
잎새 몇 장이 위태롭다

이끼 낀 돌담도
야윈 몸을 뉘이고
옛 성터의 영화를 생각한다

호수에 드리운
외로운 배의 긴 그림자
물결에 밀리고
스산한 갈대잎이
서걱대며 손을 내민다

먼 길을 떠나야 할
언덕 어느 언저리 쯤
연기가 날리고

하늘에는 멀리 가야하는
구름이 천천히 흐르고 있다

여의도 비둘기

요란한 소리도
매캐한 연기도 알지 못한다

하얀 색으로 태어나
까맣게 그을려
무엇을 먹든지
배만 불리며 산다

하늘을 나는 걸 보면
자유는 있다

풀 뽑는 여인 앞에 앉아
무엇을 주워 먹다가
밤에는 교각의
차가운 철골에 앉아

다리가 흔들리는 것도 모르고
코를 골겠지

알도 낳고 새끼도 기르는
산 속의 멧비둘기보다
고급스런 트림을 한다

밤의 조명을 받으며
호화로운 깃발을 펄럭인다

녹슨 탱크

깃발은 어디 갔는가?

적을 향하여 날리던
훈장 같은 힘센 언어

삶은 껍질을 벗기고
견장을 새로 달려 했던
구원의 든든한 발톱과
긴 입으로 환희를 쏘려던
귀화되지 아니한 적군

노래도 부르지 않고
피묻은 비명만 말라 있다

세계를 뻗어가다가
허욕을 확인한 이 자리

센 머리 날리며 이젠
관절염의 다리를 주무르는가

종다리가 봄이 왔다고
녹슨 탱크에 앉아 있다

눈 오는 날
눈도 깔아뭉개고
발소리 죽이며
이념도 밟고
사랑도 깔고

나비처럼
그런 동심으로
한 세대를 짊어졌었지

욕망이 언덕을 오르내리던
어린 날 봄철의 한 마리
큰 나비였는가

새장

누가 거짓말로
이런 집을 지었습니까

자유의 철사로
구속의 납땜 방울을 떨어뜨려
창살을 세우고

하늘을 가려
담을 높여 놓았나요

시간의 자물쇠는 열렸으니
안쪽으로 접힌 날개뿐이라
문을 열지는 못합니다

너른 땅에
창살을 찾았더라도
날개는 한낱 장식물일 뿐
쓸데없는 삶
무게가 되고 있다

무어라 지껄이며
무료를 달래고
마음을 가라앉히고 있으면

하늘빛 물소리
환하게 들리는
이곳은 밀폐된 황궁

제야 II

촛불을 켜놓고
한 잔의 커피를 마신다

어두운 터널을 빠져나온
무거운 외투를 벗어놓고

마음 속
염원의 새가
유리창에 퍼득거린다

그리움만 쌓이는
달력 위로
눈은 내리고

발자국 찍는 어둠이
조용히 사라진다

기다림 Ⅱ

가슴에 모닥불 이는
하오의 벌판

보얀 먼지를 일으키고
절름대는 사슴이 지난다

햇볕은
소리를 지를 듯 쏟아졌다

어둠을 가던 풀벌레
밟히는 것은
부스러진 그림자 조각 뿐

살 속에 박히지 않는
굴절된 바람
반짝이는 눈에
사를 듯 반사된다

껍질을 깬
진양조 가락
가슴을 덮는다

연주

숨죽인 고요

나풀거리는 수초를
현 위에 올려
내어 보는 몸짓

무한의 허공에서 울려나오는
빛 고운 은유

꽃잎 나풀대는
맑은 호수에 배를 띄워
물살 가르는 백조의 유영

황금빛 보석 전시장
지중해의 음보로 찰싹댄다

높은음지리로
다섯줄에 매달린 선 위로
흐르는 자유로운 헤엄

돌 Ⅱ

길모퉁이에서
사색에 빠진 채 앉아 있었다

순후한 바람 만들며
오랜 삶의 무게를 보이는 저울추

햇살을 선연히 펴면서
새를 날리고
잔잔한 음률도 튕겨냈다

꽃을 꽃으로 보게 하고
노래를 노래로 듣게 하며
먼 산까지 흔들리지 않고
바라보게 하는 별도 보여줬다

수정의 언어는
찰랑찰랑 계곡을 흘러내려
소나무랑 라일락 심고
그늘을 만들었다

해를 만나고
달과 달이 만나고
미소를 만들었다

대숲에서

툰드라 지대의
깨진 얼음 날 지나는 소리

견디는 자만이 주인이다
무게 실린 기후 속에서
어둠은 차라리 평화였다

새들의 가슴에서 떨어진 털들이
온기로 날아 세상에 풍기고

서투른 솜씨고 그린 눈썹이
희미하게 보인다

버석이는 잎
생명의 마름
아직도 가사의 삶을 지고 있다

마늘밭에 운집해 있는
존재의 균형 잡힌 구도

조용히 소리 깔고
지나는 보료 깔린 자리

달 I

그리움의 껍질로 된
노란 머플러를 쓴
차라리 눈 감고
헤진 이름의 눈빛

시공의 중간에서
움직일 줄 모르고 선
지워지지 않는 체취

털어버릴수록 묻어나는
거미줄에 걸린
참매미 하나

우글우글 벌레소리
날개 치는
눅눅한 잎새

방안 망막에 자리하고
피로 온몸을 돌아
내 가지를 흔든다

기억의 새는 쫓기고
그 자리에
허수아비로 섰다

해 뜰 무렵

묵은 대문 열 듯
삐거덕 눈을 뜬다

공중은 온통
깨진 유리 조각
새들이 부딪는 소리

뜰의 장미는
링겔을 꽂고
말간 눈을 굴린다

굳게 닫힌 창을 열면
어둠이 씻겨 간 아파트 후문
마른 수건처럼 걸려 있다

음악은 분수처럼 터지고
실신 상태에서
춤을 추기 시작한다

그림자 위에서는
시계소리가 난다

달밤 Ⅱ

은빛 선율의 교향곡이
연주되고 있다

그 선율이 미끄러지며
꽃으로 피어
바다의 늪에 떠 다닌다

벽에 걸린 꿈이
부서져 물소리로 흐른다

이 골 저 골
시간의 계곡을 타고
가랑잎으로 말라

초침의 파편
빈 그릇에 가득
고요가 출렁이고 있다

추측

내가 죽었다고
세운 비 위에
꽃 한 송이를
놓을 사람아

이제까지
혈기를 올리며 대들던
나를 용서하라

또 우리 살아왔을 때
주고받던 꽃송이들이
시들었다 해도

피어서 싱싱한 때
맺혔던 이슬을 기억해 두자

저기를 좀 봐
그런 밤도 못하고 지는

피 섞인 언어를 뇌까리는
나무들의 시끄러운 소리도 들린다

서쪽의 지평이 더

높아 보이는 시간

손수건 꺼내서
그 사이 먼지 앉은
얼굴을 문지르고

많은 얘기를 나누었으니
일상의 선연했던
길을 다시 보고

어둠 뒤에 올
잠 터를 향해 가자

홀로 멈추어 보는 것
사라지는 것이 아니고

아프지 않게 기억하고
추측해 보는 것 뿐일세

절벽

이런 자세로
한 세월 앉아 있었는데

지은 생각도 뒤집고
갈라지고 무너뜨려

새 얼굴 만들어
또 한 세월 보낼 판이다.

한참을 낯설게
어색한 얼굴에 무엇을
그리며 살지 모르지만

점점 익혀가면서
정까지 붙여야 살 것 같다.

내게 있는 것들은 모두 익어서
냄새나는 일상들 뿐
새로 익혀가면서 친해질
새 얼굴의 낯선 것이 필요하다.

말을 하다가 실수하고
들은 말도 못 알아듣고

비위 못 맞추는

낯선 절벽 같은
이방인을 이따금
만나고 싶다.

모닥불

시들어버린 영토

가지에 맺으려다
헝클어지던
우수의 껍질들을
소복하게 모아 놓았다

넝쿨을 뻗으려다 멈춘
자잘한 가지들도

맹수에 쫓기던 새 새끼의
외마디 소리도

몽당비로 쓸어내
성냥을 그어 댔다

비릿하고 아림이
매캐하게 솟아오르고

허름한 몸에
배어들기 시작했다

가을 사연

하천 따라 둔치길에
파랗던 자들이
지워진 시간 위에서
오늘은 선홍빛 노을입니다

한 시절 소리 내어
외치고 부르짖던
쉰 목소리가 턱 밑까지 차올라
눈 속에 온통 커피색입니다

발걸음도 리듬이 되고
손 저음도 지휘봉이 되어

허공에 품는 뿌연 안개도
저리 아늑히 흐릅니다

지금만으로 좋습니다
어떤 파고가 와도
보드란 손길 넘기며
환한 웃음으로 살 것 같습니다

대합실에서

나침판을 꺼내서 보면
사방으로 뻗힌 갈림길

부채질하며
어느 외진 고지로 출동할
미개국 병사의 난민들

처진 어깨를 추스르는 길목
한평생의 임지를 가고 있는 곳
그림자 속의 무성음 세계

긴 그림자를 끌고 있는
힘겨운 대합실 벤취

나뭇결의 윤기
그들은 보통이

닮아 가는
나의 힘 겹고
깊어 가는 주름

낯선 비
고적한 여인숙

삭히지 않은 글씨

시간을 태우며
그리움 위에 서 있다

넝쿨장미

그를 본 지가
꽤 오래 되었나?

'등대지기'를 피아노로 치며
마른 영혼의 장작에 불을 피운다.

분산화음을 따라 계단을 타고 내려
그 심원의 바닥에 앉으면
그와 손을 잡을 수 있을까

얼굴이 벌건 채 넋 놓고 앉아
가슴에 얼굴 묻고
보석을 만드는 울음을 울었다.

나를 만드신 아버지도
모를 보퉁이를 들고
도피하는 내 뒤꿈치를
누구에게 자꾸 들키고 있다.

눅눅하던 하늘에 비가 그치고
서녘으로 여우같은
빛이 뿌려지고
밤의 장막이 쳐지기 시작하는데

오늘밤 나 혼자 발작하면
누가 얼킨 내 발을 펴 줄까?

턱 괴고 앉아서 손톱을 깨문다.
먼지만 일고
작은 개미가 줄지어
지나가는 난간에

신화 속에서
주술이 풀리지 않아
눈을 뜨지 못하는
소녀와 같이
우두커니 앉아있다.

0시 27분의 영동역

플랫폼에는 침묵이
철도의 자갈처럼 쏟아져 있었다

휠타를 깨물던 비릿한 상념을
피워대던 꽁초에 아직
미온微溫이 있어 보였다

동동거리며 열차를 기다리고
낮은 힘으로
기차를 깔 듯 속도를 더해서

떠난 사람들의 발자국이
전등 밑에 말라가고 있다.

어쩌다 역사 안 역무원들의
꿈틀거리는 그림자 뿐

여기는 히말라야 산 끝
걸릴 것 없는 고공

거기 누가 하나 서 있다면
벌거벗은 듯 부끄럽겠다

새벽 기차를 타고

늦잠에 뒤척이는
대전역 레일을 떠났다.

서리 맞은 시골의 고샅
꿈틀대는 큰 백사白蛇다.

밤을 새웠는가 보다
조립식 공장에 불이 환하다

공원들이 불을 밝혀
삶을 키우는 일

하얗게 서리 맞은
인삼밭 지붕 위에
쳐놓은 그물망이 하얗다.

황간에 다다르니
구름 낀 하늘
은빛 풍경이다.

기차의 이음새가 덜컹거리고
옆에 달리는 고속도로의 차들
미등을 켜고 조심스럽다.

겨울 하나님이 준 풍경은
바로 저것이리라.

해가 뜨면 사람들은
붉은 눈으로
풍경속에서 경치를 바꾸겠지.

뉴스시간마다 할퀸 이야기를
또 펑펑 쏟아내겠지.

닿지 않아서 안전한 까치집
오히려 불안하다.

놀이터에서

아이들이 달려와
놀이기구를 탄다.

계단을 올라 미끄럼을 타고
두 줄을 잡고 그네를 타고
돌아가는 돌림그네를 탄다.

세상이 빙빙 돌고
세상이 뒤집히고

모두가 뭉쳐서
하나가 되도록 타고
내린 아이들은
어지러움을 모른다.

타면 탈수록
더욱 센 현기를 원한다.

지구가 작게 되어
팽이처럼 돌더라도
그들은 걱정이 없다.

어지러움에 익은 아이들이다.

불타는 신전

저녁 무렵
먼 산의 실루엣이 녹아내리고

틀 안에 갇힌 이들이
수런거린다.

본향의 길을 찾아
노상의 차들이 줄지어 있다.

핸들을 잡은 손들이
어둠에 묻힌다.

사지를 주무르며
남의 집 창문에 비치는
풍경을 그린다.

도시의 네온이 벌떡거리며
호흡을 가쁘게 쉬고 있다.

어린 아이가
맨몸으로 강을 달리는
시간의 난간이다.

거울보기 I

거울을 보았다

차가운 기류가 돌아
얘기할 것도 잊어버리고

우두커니 서서
나를 보려 하지만

희미하여 낯설고
얼굴은 멀어갔다

먼지는 계속 일고
눈엔 성애가 더욱 가려

묻힌 가슴
하늘도 안 보였다

언제 깨질지 모를
나의 거울

그 얼어붙은 왕국
눈과 거울을
자꾸 문지른다

귀뚜라미

어두워야 악보가 보이나
어둠이 출렁여야
감성이 가득 울리기 시작한다

늘어놓은 악보도 없는데
가슴에서 넘쳐
스르렁 대는 소리들이
빛이 출렁거리도록
고운 하모니를 이뤘다

머리가 무거우면
현 위에 누워
가볍게 하나씩
뽑아 보라고

사랑이 익지 않으면
그들 가락에 춤추며
맞잡던 해변에 또 가 보고
그리움을 익혀 보라고
밤 새워 고요를 헤엄치며

꿈속까지 달려와
따스히 체온을 올리라고
그네 위에 앉힌다

겨울 아침

밤 새워 하늘 가득 퍼붓던
폭격도 잠들었다

키 큰 나무 위를
맑은 목소리로
소리 소리 지르며
신난 듯이 시끄럽게
산고개를 넘어

잠을 깬 애기 눈으로
긴니편 산으로 달리넌
시린 손들을 덥힌다

이제는 닫힌 것들
묶였던 것들
다 열고 풀어야 한다

지금부터 마음대로
꽃이 피고 열매가 연다

애타는 그리움을
가슴에 뿌리는 사람에게
다른 창세가 또 열렸다

겨울 바다

멀리 지나는 원양선
굴뚝의 허연 연기

추억을 걷어잡아
꾸역꾸역 집어 넣고
모른 체 쿵쿵 거리며 간다

허공에는 구름도 지어지지 않고
시든 꽃잎들만 모래사장에
부도난 수표처럼
바래가고 있다

뜨겁게 익어가던
에덴의 사과들
신나게 띄우던
에드벨룬도 다 걷히고
부추기던 음악도 꺼지고

갈매기 꼬리 끝에
조합되지 않는 소리가
의미없이 흩어졌다

파도가 백사장으로

제 속을 다 보여도
남은 것은 텅빈 호주머니 뿐

몇 개의 쓰레기가
돌아간 자들의 소식을
아련히 들리는
떨림으로 얘기한다

제야에 I

오던 길에서 웃통 벗고
사막의 바람을 맞으며
국경을 넘어야 하니
경비병이 보이니까
할 말을 생각한다

새로 입국하는 나라에서
살아갈 양심과
호주머니에 든 돈 액수
무엇하러 들어가는지
말해야 한다

내일은 다른 해가 뜬다
말도 다르게 해야 한다

먹는 것도 다르다
이밤 자기 전에
조금이라도 익혀야 한다

지나온 얘기는 접고
신천지의 국법대로
옷도 입고
차도 타야 한다

기차 타고 오면서
발에 걸렸던 것들
쉽게 버려지지 않네

눈에 어려도 놓아야지
아쉬워도 호주머니 털고
신발도 털어둬야지

황혼

어떤 황제가 몇 대륙
다 점령하고 지금
승전가를 울리나

강렬한 색깔로 칠하고
가슴에 울리는 노래

그를 듣는 이들 모두
맛보고 기쁨의 모습

그 깊은 붉은 눈동자
노란색을 넘나들며
모두의 옷에 불이 붙었다

제국에 영광을 주고
적토마 타고 산고개를 넘는
저 고함치는 소리에
몸 속으로 파고드는 감격

얼마 있다가 또
달려올거라며 떠나네

약속의 손 흔들며

아련히 떠나가는
깊은 약속만 믿는다

돌아서며 잘 가라
흔들던 손 내리며
서로 사랑하기를 잘 했다고
큰 웃음을 웃었다

눈 오는 밤에

어떤 마음이랴
한 밤중에 몰려와서
까닭 모르게 별빛 삼키고
바람도 온통 발길 멈추게 하는
이 밤의 사설들은

이런 밤은
한결 더 조요롭고
부질없이 오르내리던
뒷산의 전설도
파묻을 이 사태가 아니랴

수런대던 소리
모두 잠에 빠지고
들판 가득히 번지던
할아버지의 기침소리도 사그라지는
초닷새의 이 달무리

누구의 마음이랴
하얗게 하얗게
옷깃처럼 바래져 가는
눈 내리는 이 밤은

돌아보면

지난 봄 꽃들은 지금
어느 지층에 묻혀
펴보지 못한 북소리로
구겨져 있겠지

날카로운 눈빛을 세워
퍼런 날들을 긁으며
돌아가고 난 지금

누구나 할 것 없이
댓돌에 올라서서 돌아보면
부서진 날들의 파편이
눈물로 흐른다

꿈처럼 좋은 날들도
가슴 흔들며 싫은 날도
해넘이가 가까울수록
큰 빛으로 물들어 곱구나

지저분한 것 지울 것도
곱다고 더욱 소리 지를 일도
띠 둘러업은 애기다

하늘 I

나는 네 속에서
자유의 물고기가 된다

거짓의 옷을 벗고 수치와
구차한 변명도 필요없다

방향 없는 바람이 불어도
나는 네 속에서 요동하지 않는다

언제 떠날지도 모르나
자리를 지킬 수 있는 힘이 있다

강물이 내 안에서 넘친다

거품 일었던 마음
비어감으로 평안을 얻고
눈물을 날리던 눈에
웃음을 피게 했지

어느새 날개 달린 말을 타고
네 품에서 비상을 한다

가고 또 가도

진실과 사랑의 감촉 뿐
여신의 치마폭 주름이 보드레 깔린
영원한 안식의 샘물 솟는
너의 품

한 장의 그림

오페라 분산화음으로
연주되는 햇빛

지평을 만드는 산들이
녹아내리고 있다

집 옆 바다는 사나운 기세로
애증을 짓찧어 대고
물가 바위들이 아프게
닳아가고 있다

빤히 켜진 창마다
달빛보다 환한 빛을 낸다

지붕 위 굴뚝에서
머리를 풀어헤치듯
연기가 초저녁을 태우고 있다

집으로 들어오는 큰길 좌편에
꽃그늘을 이루고 있다

길 옆에 마음을 뉘이는 가드레일
뒷도란으로 난 소로에

리본처럼 너울진 버드나무 아취

해묵은 전설을 따라가 보면
유년까지 보일만한
작으면서 크게 보이는
문구멍만한 길이 보였다

보이지 않는 날
품어보고 싶은
한 장의 그림

사랑 Ⅲ

자유의 옷을 나눠 입는 것

비로소 확인된 외출
갈 수 있는 길이
이리 많은 줄 몰랐지

한 곳을 보니
굳은 돌 품에서 물이 솟고
고속촬영으로 꽃이 피고
뵈는 것들이 선명하여
변색되지 않을 듯 또렷했다

세상은 이름 모를 리듬과
빛 고운 하모니에 흔들리고
이제 막 날이 새고 있다

어둠을 털고 손에 들어온
내 하늘의 새를 하나
가슴에 기르기 시작했다

파닥이는 날갯짓으로
얼굴이 바람에 흩날리지만
고운 동작이기에

부드러이 쓰다듬어
나만 볼 수 있는
골방에 놓는다

모두 빛 고운 모습 보며
살게 한다

빈집 I

아직 연주되지 않은 악보가
바람에 날려
음악이 흐른다.

구름에도 쉽게 오르고
새털처럼 되는 순간

눈꺼풀에 얹혔던 것
어깨에 눌렸던 것들이
4월의 낙화처럼 날아가고

몸은 홀랑 벗겨진 체
그 순연한 눈 속으로
끝없이 걷는다.

사람들이 그렇게
거리적거렸는데
다 놓고 달려온 곳

묵은 터이지만
새싹들이 무더기로 나와
수북한 밀림으로
머릿속을 채운다

하고 싶은 것들이
광야에 가득하고
예쁜 동물들이 우르르
달려 나왔다.

가을 I

가을은 커다란 가마솥
한 해 동안 햇살과 바람을 짠 피륙에
눈물과 웃음과 한숨들이
가득 담긴 허무의 그릇

이들이 다 가면
등에 빈지게 지고
허수아비로 설 나는
왜 이리 밤이 길고
머리에 서리 내려도
갈 길 모르고
호수에 떠다닐까

툰드라 지대의 새들이
시린 들을 꺼욱거리며
휘감으며 선회해도
깊은 치매의 밤은 걷히지 않네

오감이 죽어 가는 밤
누군가 발을 꾹 밟혀서 보니
잎자루가 떨어져 나간 터에

엄마 등에 달라붙은 아기처럼

둥지에 찰싹 들어붙은 싹이
강하게 찌르는 것을 만지며
가마솥 뚜껑을 눈감 듯
가만히 닫았다.

제4부

차를 마시며

차를 마시며

손을 잡았다가
다시 장막을 젖히고
밝음과 함께 자리를 권했다

잔을 든 손 그 눈 밖
바깥은 쑥부쟁이
마른 잔디 위로 막 나섰다가
한 때의 참새들은 하늘로 뛴다

하늘 저 멀리
새벽 강가로 얼음 터지는 소리
쨍쨍 들려오고

꿈 속에서 잃어버린
종이배 하나
창을 타고 넘어 들어와
찻잔 속을 헤멘다

새벽 찬 공기에
젖는 이 가슴
찻잔은 금새 비게 되고
환히 속을 드러내고 만다

중촌교를 건너며

기운 시간
무우청의 냇물

긴 비단자락 위로
하늘의 황금마차가
질주해 온다.

물은 온통 금색 주물
남아공의 어느 광산 계곡

시내 양편의 잔디가
소털처럼 바람에
조용히 누이고
물가 갯버들이 흐드기며
웃고 있었다.

물비늘이 좌르르 깔리는 속에
지리한 시간의 추를 드리우고
휴면하는 붕어를 낚기 위해
연신 미끼를 갈고 있다.

나는 몸을 잔디밭에 뉘고
한참을 뒹굴다가

긴 날개로 평원을 가로질러

비상하는 한 마리
황금 두루미

그들의 등에 금물이
산소용접 불처럼 튀고 있다.

툰드라지대의 이끼 속으로
움츠렸던 나의 분신들이
하루를 누이러 파고들었다.

뒤뜰 풍경

나무는 지금
이순을 막 지나고 있는지

몇 날 생각에 빠지다가
푸르던 기상이
피로 내려진 색깔로
하늘가에 흔들리고 있다

바람이 품속을 파고들 때마다
푸른 시절의 노래가 슬피 들렸다.

부서진 조각들
이리저리 흩날리다가
아주 잃어버린 뒤
꿈의 강물을 타고 간다

물줄기 요란한 날을 지나
잊혀져 가지만

빛살에 못 이긴 가지마다
일제히 소리 지른다

틈을 비집고

새로이 나오던 기억이
연이어 눈 앞에 겹쳐왔다.

시간을 거두어 잡고

시간이 번성하던 때는
아이들이 우글거렸지

지금은 모두를 비워야 하는 시간
마음에 자국이 많다

아침에도 저녁에도
지나치던 아이들 틈에서
찍어놓았던 것들이
이제는 낙엽처럼
말라서 바삭거린다.

등나무 그늘에서 놀던 아이들
모과를 따서 깨뜨려
던지던 아이들

투명울타리를 넘어
집에 가던 아이들

장난을 치던 아이들
우루루 달리며 경계하던
장난끼 섞인 놀란 노루들

막힌 줄도 모르던 아이들
깨져서 하얗던 복도

사람들이 나를
보내려 밀고 있으나
내 발은 떨어지지 않고

추억 속의 집을 더듬고 있다
잊어야 하는데
모두 살아오는 것 뿐

무엇으로 아픔 없이
평상의 안락한 의자에 앉을까
바람이 지나면
고요해질까 모른다

무작정 다시 뜰
해를 보며 갈까보다.

해후

그 후 21년이 흘렀네.

어느 낯선 초등학교 담 옆에 앉아
땅을 그으며 대화를 했네.

내가 좋아하던 얼굴과
향기로운 구석은 변하지 않았지만
지는 황혼이 배기 시작했었네.

우리는 이따금 배율 높은 망원경으로
마음을 데우던
시절이야기를 하면서
먼 하늘을 자주 바라봤지

운명이란 갈림길을
너무 지나쳤나본데
그 시절의 골목을 자꾸 후비면서
생각의 회오리에 흔들렸지.

그냥 가는 대로 지나쳤는데
지금 설풋한 서녘을 보면서
마음대로 안 되는 한계를 느끼고

항로 미숙으로 되돌려지지 않는
거대한 함선 속에서 이따금
전화라도 걸어보면

그도 나를 기억 속에서
지울 수 없는지

목마른 마음이 있는 걸 보면서
우리는 잘못 돌아서고

서로의 그림자를 밟고 서는
어눌한 자들이란 것을

언제 가서야 잊어야 할 지 모를 거라고
둘이는 생각하는 것 같았다.

하늘 III

뒷날 내 시간의 잠터

혼돈의 불도 사라져
이따금 번개와 천둥으로
그 잔영을 바꾸지만

비우면 눈이 빠져드는
무한한 가슴

평화의 종은 은은히 울리어
살아있는 자들의 리듬이 되었다

구름이 흐르는 날
빛덩이를 보며
그 즐거움에 발등을 본다

마음의 음자리표
평온한 보료

사랑이 꽃눈 띄우며
화수분이 놓인 접시

가을 II

봄부터 찰찰 대던 강물이
돌아서야 할 때를 생각한다.

수많은 꽃들이 빠져
차갑고 예리한 별로 떠서
벌레의 울음으로 칼을 가는 여울

이제는 어차피
황제의 관이 빛나는 영토

부끄럽고 수줍음이 모두
꽃이 되는 계절.

가랑비가
더욱 초라한 나그네의
갈 길을 가두는
마음의 사막.

신이 차려 준 열매
떠오르는 기억
인식되지 못한
서성이는 방의 집이다.

오월

대낮에도 집집마다
처마 밑에 등을 달아 불을 켜
웃음끼 나는 소리가 들렸다

개울물은 찌르르 흐르고
석축의 틈으로 내 손가락처럼
퍼런 눈의 돌나물이 한창
넝쿨을 뻗었다

민들레가 솜털 가득 피어오르고
송화가루가 퍼지던 하늘에
씨알을 마음에 받아두었다

앰프 기타라도 세게 울리자
내 깊은 우물에서 여지껏 갇혔던
달팽이 하나 기어올라
비로소 빛을 만나겠다

둠벙 속의 해는 뒤집어 엎고 오는데
낮꿩은 한가롭게 울고
진흙 묻은 장단지에
거머리 피 흘리며 조금은 피로한 듯
망태기 씌운 소를 몰고 오던

사촌형도 만날 수 있을까

만나는 이마다
알 것 같으면서도
낯선 옷 입은 이들이 오간다

거울속에서 사라진
구풍스런 나를 찾다가
잠에 빠졌다

또 하니 위대로운 망각
떨어져 흐를 그 땅에
깊이 감추어 둘 오늘의 채취
코를 대고 맡아 본다

눈 오는 날의 풍경화

한참이나 흩뿌리던 눈이
낯선 북구의 풍경을 이룬다

털모자 쓰고
콧수염 기르던 이들이
다닐 것 같다

호수를 향한 별장에
보드카에 차이코프스키의
교향곡이 벽난로처럼 타겠다

지난 밤 어둠의 틈새로
권총을 들고 들어온 사나이로부터
흉부에 두 발을 맞고
김이 새는 호흡을 하며

죽음의 공포에 지쳐 선 나는
호주머니를 뒤져 옛 차표를 보고
낭만이라는 허울을
낭비하던 때의 시간에 갇힌다

고속버스 옆으로 자가용 하나가
꼬리를 잡힐 듯 달린다

원시의 촌스런 나를 쫓아온다

가을 강뚝에서

강뚝에 핀 갈대들이
백발을 풀어 헤치고 운다

강 건너 바람을 향해서
공무도하 공무도하

백수광부의 소복한 아내처럼
온몸을 흔들며 서럽게 흐느낀다

은빛 울음의 진창
미침내 깅물이 푸르게 일어선다

그 서러운 꼴을 내려다보고 있던
하늘마저 온 몸이
푸르게 젖어서 울음 일색

가을이 어깨를 들썩이며
출렁 출렁 떠내려간다

그리움

그리움은 허기진 배고픔

그리움은 중한 곳이 무너져
세울 수 없는 기다림에 빠지는 것

그리움은 무기력한 것
우직한 힘들이
공중에 산화되는 것

그리움은 가망 없는 일에
허상을 그리는 것

그리움은 허궁에 발을 헛디디어
천 길 낭떠러지로 낙하하는
예감을 자꾸하는 것

그리움은 그린 지 오래되면
낯익었던 체취를 찾지 못하지만
그리워할 대상이 있으므로
그리움은 살아있고
인생이 아직 살만한 것 아닌가

그리움은 잡히지 않는

허상의 옷만 걸어놓고라도
무지개 보다 기쁜 일이다

도요새

내 그대 향한 그리움이
바닷가 도요새로
모래톱을 서성이네.

바람이 불면
작은 체중이 날려갈 듯 하지만

그대 향한 강인한
내 거멀못으로
겨우 옮기고 있네.

사랑이란 열흘도 못 가서
시드는 목련꽃인가

내 걸음이 항상
겅충거리고 뒤뚱대며
바닷가 모래를 쓸고
수많은 낙서로 마음 쓸어내리네.

말을 걸어도
꿀물로 만들어 삼키고
가화假花 날리지 않는 이여

날이 어둡고
수평선만 보이는 밤엔
어이 재울까

그 점심시간

초등학교 때
점심시간이 되면

도시락을 갖고
뒷산으로 갔다.

공동묘지라 울퉁불퉁 하여
뒹굴기 좋던 곳

흥이 겨워서
밥을 먹을 때
들리던 소리

"고자리 쌀밥에
×된장에 잘도 먹는다."

그래도 그 맛만은
무엇과 바꿀 수 없었다.

고추장에 몇 마리
얹어온 멸치

단무지나 참외장아찌 수박장아찌

골파를 썰어 넣고
찐 계란 찜

고기가 귀하던 때
진저리 치게
맛있던 건건이들.

이제는 그 동무들
다 흩어졌는데

허리 엉덩이 근처
두둑한 살점

그 때의 살이고
근력인 것 같다.

눈이 오거나
날이 저무는 저녁나절

책 보퉁이 어깨에 메고 달리면
필통 속에서 딸랑 소리가 났지.

그 시절 동무들에게로
달려가고 싶다.

새벽 제2나로도 대교

먼데 하늘이
잠에서 깨지 않았다

물빛이 수정으로 바뀌어가고
양쪽 산에 깜빡이는 불빛이
정령인듯 살아 숨쉰다

언덕 비탈을 비집은
민박집 접어드는 길
난간 울타리가
여인의 슈미즈처럼
예쁘게 쳐져 있다

서쪽 완만한 해안으로
자그락 자그락
오르고 싶어 출렁거린다

바다 가운데 그물 부표
귀한 빛으로 숨을 쉰다

작은 어선에선 분주히
삶을 주워 담던 손길

위로는 하늘을 빗겨
지르는 다리가
섬으로 뻗어있었다.

별

지상의 뭇사람들 눈빛을
다 모으면 저만한 광도가 될까

강해도 아프지 않는
추억같은 평안

한참을 보노라면
여러 색깔의
꽃잎이 튀어나온다.

부르는 이 없는데
노래가 들린다.

빛과 어둠
끊어질 듯

응시하는 눈을
때묻은 나로는
쳐다보기 어렵다.

마음을 가볍게 띄우며
낯선 먼 곳으로 이끄네

새벽 대포항

조그락대는 소리
고기 손질에
여인들의 손이 바쁘다.

끓을 듯 용솟음치는 고무함박
좌판에 오징어 몇 마리 놓고
아침 잠에 빠진 할머니

오징어잡이 배 발동소리가
시원한 멋을 냈다.

해안 바닥에는 비둘기들이
흘린 조각들을 주워
아침을 채우고 있었다.

떼 지어 부른
갓 낳은 생선알
모양의 유리등

촘촘히 오징어선
물결에 출렁거린다

이방인들이
한가로운 산보를 한다.

부산에서

10:08 도착

사람들은 완전히 제 속도를 내고
제 갈 길로 바쁘다

부산역광장 관광안내소 지붕에
많은 비둘기들이
선회하는 것을 보고
운집한 청년들이
탄성을 지르고 있었다.

날아가고 싶은 마음이
마음의 비둘기 날개에 매달렸다

용두산 120m 부산타워
괴물을 타고 올랐다.

세상은 유리창 속에 갇혀 있었다.

많은 집 위의 수돗물 탱크
물빛으로 올라앉았다.

돌섬의 갈매기 둥지처럼

닥지닥지 붙어서 웅크리고 앉아
삶의 볕을 쬐고 있었다.

비둘기의 자유로운 선회

독재국가 30년
억눌렸다 선포된 자유처럼
가볍게 퍼졌다.

풍선을 잡고 떠났다

갑사의 어스름

방금 산고개를 넘어간 빛
사방은 농담색 화선지가 되고

길바닥에 솟은 자갈모양이
실루엣보다 선명했다.

어둠을 즐기는 몇 사람
짙은 어둠에 젖으며 지나고

하늘에는 아직 싹 나지 않은 별들이
작은 숨을 새근새근 쉬고

아랫목 포대기속 아기처럼
잠에서 깬 듯 초롱거렸다.

길가에는
수십 년 묵은 늙은 나무들이
짙은 어둔 색 화선지에
묵화로 펼쳐졌다.

해가 더 묵은 나무일수록
묵향이 짙게 났다.

가도 가도 뻗쳐있는
무한의 동양화 회랑

일생 동안 그려도
다 그리지 못할
만리장성의 고목화

물소리에 섞여도
젖지 않는 투명한 윤곽

설산에서 들리는
저녁 예불 종소리

더욱 정숙한 사방
고요세계로 빠뜨린 촛불

스님들이 또렷한 걸음으로
사방세계를 가고 있는가?

안개 속에서

지난 밤 꿈길에
허공을 가슴 가득 담고
내 유영의 팔을 휘져었지

생각들이 부서져 가루가 되고
아픈 신경들이
조금씩 저려오지 시작했지

음악도 분수처럼 흩어져
이마에 물방울로 맺히고
그 외의 것들은
눈 멀고 귀먹었지

어디로 가고 있는지도 모르고
의식마져 혼미한 속으로
빠져들었지

내 중독의 수렁의 터널은
언제 끝나
분노도 용서도 억울함도 없이

세상은 마냥 이렇게
모르핀 평안 속에

미명으로 끝날지 모르는데

이 몽롱한 환희는
백사장의 자라 발자욱처럼
내 목숨이 반항할 때에
오고 싶은 도피성이었나?

연화도

파란 종이에
바람 부는 대로
바지선과 크레인이
하늘에 지렛대를 매고
들어 올리고 내리며
조금씩 무얼 짓고 있었다

뭍을 떠나기 전에
모든 것을 항구에
두고 왔어야 했는가?

놓지 못한 생각이 얽혀
발걸음을 떼려 해도
발에 걸려 벗어나기를 한나절
실에서 풀려나기 어려웠다

고물의 바다는
물거품을 남기고
웅장한 소리
엉킨 것을 떼며 달렸다

등대를 지고 선 작은 섬도
울부짖는 발 구르며 요동쳤다

너를 찾고 나니 하늘이 맑아
바다에 비친
얼굴은 너무 고왔다

사람들은 조용한 그림자를 내며
수평 눈꼬리로 살고 있었다

정상에 치솟은 석상은
해 뜨는 동녘을 자비하게
바라보고 있었다

섬의 뒤편에 용꼬리인가 머리인가
큰 순서대로 죽 다섯 개
흩어져 있었다

전설 속에 누가 놀다가
예정된 시간에 쫓겨 달아났나?

네 진실한 얼굴에 내 눈짓을 붙이고
떨어지지 않는 걸음을 돌렸네

저녁 서대전공원 스케치

하루 해가 희미하게
서쪽 유리창에 손짓하며 넘고

광장에 날리던
스피커 음악도 그치자

공중은 무중력 상태로
지나는 사람까지 힘이 없다

울타리 밖 길에는
하루를 거두어 잡고
저녁의 포구를 향해
내딛는 사람들

호주머니에 든
손 찌른 이들이
광장을 가로질러 간다

낮에 펴놓던 행상도
짐 싸고 자리를 뜨고

빈 현수막에는
낮에 나눈 얘기

낙서처럼 붙어 있다

공원모퉁이에선
아직도 하루를 더 늘려
깔리는 어둠을 쳐서
없애기라도 하듯
친구들과 고스톱이 불 붙고

건너편 도로에 늘어선 차들이
붉은 신호에 발이 묶이고

뭐라 썼는지 뵈지 않는 현수막을
에드벨룬 두 개가 들고서
펄럭이고 있다

어스름이 농도를 더해가니
사람들의 발걸음도
라르고로 빨라지고 있다

머지 않아 새장의 비둘기도
잠꼬대를 같은
'구구' 소리가 들릴 것 같다

튤립축제

살이 굳은 땅에
이리저리 금 그어놓고

이국의 낯선 눈
어리둥절해도

눌러 심기만하면 살아나
꽃 필거라 했겠지

애기의 눈곱 더덕더덕 붙은
아직은 충혈된 눈으로
얼마나 두리번거렸을까

왜 왔는지도 모르는데
발이 얼어 얼떨결에
화들짝 냉가슴 되어
놀라기도 했겠지

그들은 빛깔별로 나누어
군락을 이루어
예쁜 듯이 꽂아놨지만

밤마다 향수병으로

두통이 있었는지도 몰라

도라지꽃, 진달래 나라에
꼬부라진 말 노린내 나는
어미의 나라
그 하늘 그리웠을지 모르는데

마음으로 연상되지 않는
아프며 서 있는 그들이라면
마음에 화로
어찌 안을 수 있나

참새

안테나를 늘여
공중 언어를 뿌리고

호수 빛 눈 깜박이며
나르는 꽃씨

떼 지어 흩어지지 않고
한 주먹 뿌린 듯
하늘에 박히는 금싸라기

초가지붕 처마 밑에서
살던 추억과

대나무 밭에서
가는 눈 맞으며
비지밥 먹고 살던 일

어릴 때는 허수아비가
사람인 줄 알고 놀랬고
빈 깡통소리만 듣고도 도망갔지

따리 소리가 하늘을 가르고
팡개질로 날아온 흙덩이

질퍽 질퍽 연발로 떨어지고

총소리를 내고 겁을 줘도
이골 저골로 피하며
덫이 가득 널렸던
살아온 날을 돌아본다

*따리 :
**팡개 :

나비 II

툰드라지대의 이끼 속에서
부드런 입김에 싸였다가

신화의 이끌림에
부신 눈으로 비틀거리는
걸음을 뗀다

처음으로 주술에 취하는가
떨어질 듯 올라갈 듯
새로 피어나는
노랫가락을 맞추려
내 속에서 퍼득거린다

몸을 비스듬히 기울이고
번갈아 내두르며
음역을 오르내리며
온 대지가 흔들렸다

밤에 자리에 누우면
가녀린 너의 모습이
희고 노란 여린 색깔로
허공에서 단풍처럼 너울거린다

길 II

마음 속 허연
핏줄 속으로 보이는

물벼룩이 까뭇까뭇
다리를 놀리며 간다

갈수록 앞이 보이기에
안 보고 간다

구겨졌지만 순대 속처럼
밀이 넣지 않아도

뭣하러 가는지
어디로 가는지
말하지 않아도
달리게 하는 너

보이지 않지만
기억으로 접어두었던 너를
다시 펴면서 온다

눈

한동안 하늘에다
무료한 세상이 싱겁다고
푸념을 했다

제발 저마다 갖고 싶은
향기 나는 것들을 달랬는데

어둠이 밤새 이불 속에서
베를 짜더니
딸각거리던 소리가
가루로 쏟아졌다

어둡고 깊은
얼룩진 것을 덮어나가

세상이 경계도 없고
지붕도 마당도 모두 잇고
산도 도랑도 평이해졌다

신분도 없고 계층도 없이
평등한 세상

소유도 없고

귀천도 없고
온통 무아의 세상

아무 냄새도 없고
맛도 없고
아무 색도 없다

누구에게나 너로
충만하겠지?

꽃을 보며

무슨 의미 지으려
지금 그 빛깔로
대궁을 쳐들고 섰나

나는 네 뜻보다
내가 보고 싶은 대로 본다

아내의 무너진 마음이 고여질까
안 될까 생각하며
너를 들었다 놓았다 했다

넌 얼마나 많은
마음들로 구속당하다
본래 생긴 모습을 떠나

낯선 이방 언어로
자기들 토속내를 들이대며
원시의 문명교양을 강요당했나

나는 오늘 네가 피면서
해석되어 주길 바라는
마음으로 보려고 한다

네 나라의 기후와
풍속도 이해하면서
가장 낮은 마음이지만
나보다 고운 피부 빛

애인보다 더 고운
암술과 수술로 씨방을 키울
큰 분의 사명까지도 사랑하면서
예뻐해 주고 싶다

봄 강가에서

하늘엔 보드란 보료
잔 이랑으로 깔려
물이랑 곱게 풀어놓은 평원

아가미를 수면에 내밀고
하늘을 마시는
피라미 떼가 떠갔다

짧은 기간 같지만
우리는 얼마나 많은 시간
강물이 풀리기를 바랬나

눈이 까칠해지도록
둘이 만날 다리를 원했지만
이제 다리도 필요없다

그대가 보고 있는 하늘
그쪽으로 달려가
나도 볼 수 있으니
그 하늘에 맘껏 그림을 그린다

구름이 끼어도
우리만 그리는

그림으로 더 즐겁지

영원으로 흐르는
음악도 펴놓자

조금 느리게도
아주 빠르게도
우리는 춤을 출 수 있다

사랑하는 자여
광야는 참으로
신나게 펼쳐졌다

그대여 놀고 싶은 대로 오라
노래도, 그림도, 춤도 추자

숲의 칸타타

어쩌면 그 많은 일들이
하늘의 구령이 나기까지
저리도 오래까지
부동자세로 서 있나?

무얼 먹었기에 풀벌레
새참도 안 먹었는데
목도 쇠지 않고
하루종일 연주하는 것일까

그 많은 소리가 어울려도
불협화음이 안되는 것은
어쩐 일인가

그 소리들이 녹아서
꿀물 흐르는 언덕을
허위허위 춤추며
올라가는 새와 나비들의 모습

바다보다 더 세찬 소리로
산이 울렁거리도록
리듬에 찼다

달빛이 쏟아지는 밤이면
오색찬란한 칸타타

몇 마리 작은 새가
느릿느릿 서음을 만들더니
풍만한 가슴 속에 갇힌 것들이
웅장한 행진곡이었다가

금장옷을 입은 왕자가 나오면
보화 같은 아리아가 나오면
숲 전체가 용광로가 된디

눈 오면 여백이 너무 커서
들리지 않는 음까지도 녹음된
고요한 음반을 듣는다

화단을 보며

고요한 바다
해의 손들이 내려와
구석구석 입맞춤하더니

바람도 뭐라고 씨울대더니
그 무겁고 두꺼운 껍질을 깨고
치솟는 함성을 들었다

산실의 양수는
지푸라기에서 나는 냄새까지
어매한테서 나던 향기였다

많은 힘들의 역사
피의 경주가 이룬
승자의 얼굴이다

신화는 끝나고
폭포수 밑에 몸 씻고
배냇저고리 입고

며칠 후면 아장 걸음 걷고
대륙을 점령한 정복자처럼
달려들 것 같다

한 잎 가을

세기의 총으로
허리를 맞았다

절룩거리며 걷다가
장애 1급의 다리가 되었다

흘러내리던 머리칼
어찌 노랗고 빨간 색뿐이랴

눈 속에 들어가
진히게 눌려
화석이 되었다

노래

마음속 연못에서
고운 소리의 실을 뽑아
빨랫줄에 널으면
지나던 바람의 품에 안겨
조용히 춤을 춘다

노랫말에 꿀을 발라
슬픈 노래도 단맛 나고
사람을 그리는 생각이
샘솟 듯 흘러나온다

보고 싶으면
기다림도 꽃길 되고
좀 더 있다 만나요
여문 함박 사랑으로 핀다

안개꽃도 만들고
작은 풀꽃도 만들어
향내 짙은 마음되고

아플 때 날개가 쳐질 때도
한 곡 흥얼거려도
단내 나게 솟는 울림되고

평화의 종이 울린다

죽으면서 노래를 부르면
천국길도 보이겠지

마지막 도착한 곳

내 가는 길이
얼마를 더 가면
해 지듯이 멈출까

지금이 오후 세 시경인가
다섯 시 경인지 모른다

무너지는 벽에 눌려
무거워서 갑자기
갈지 모르는데

조금씩 무거워서
그만두는 것이 늘고

힘든 걸 보기만 해도
그만두기도 한다

예쁜 것이 별로 없고
혼자 있는 게 편하다

여기저기서 예고없이
꺼져가는 생명을 보면서

날 밝은 날부터
해질 때까지도 구름 없이
붉은 노을 뜬 속으로
헤어지는 아쉬운 손 흔들고
가고 싶다

몸속에서 세찬 행진곡
울리는 소리 들으며
자리를 미련 없이 두고
툭툭 털고 어느 나라에 가서

공은 없지만 헤매임 없이
누구들의 손에 들려
평화가 넘치는 노래하고
춤을 추고 싶다

몰래 피는 꽃이 더 곱다

잠을 자듯
눈을 덜 뜨고
얼마간 웃음이 마르더니

너른 하늘 휭하게
손뼉 치며 웃어재낀다

어둠 속에서 여기저기
분 바르고 표정 지으며
자신 있다고 소리지르며

가슴까지 펴보이니
아련히 무지개까지 떴다

최고의 인물은
폐병 3기의 얼굴

7도 지진일 듯 아플 때
세상에 서 있기 어려울 때

너울 너머로 몰려올 때
살고 싶은 몸부림이
찬란한 무용이다

오만하고 자신에 찬
가시달린 꽃은
착하거나 순결하지 않다

부족하고 바라는 것이 많고
아파 보일 때

얼굴에 이슬이 굴러 떨어지듯
모든 것을 맡길 때

몰래 피는 꽃
청순하고 곱다

아침 햇살

신의 조각
가장 예쁜 여인이
그리고 싶어하는 속 눈썹

고운 꽃의 설계도
여기서부터 시작된 듯 싶다

고요와 부드러움 속
날카로운 인내가
똑 같지 않은가

들리지 않지만
장엄한 칸타타
하늘에 울리네

수많은 새끼들이
바닷속 고기 떼들로 퍼져
힘세고 엄숙한 악장으로 큰다

누가 저 해를
무엇으로 당겨 올리나

오를수록 가볍고

멀리까지 파도가 이네

그 빛으로 꼬아 짠
빛고운 비단으로
옷 한 벌 해 입으면

누가 입어도 왕의 위엄이
천지에 가득할 것 같다

호수 II

장적이 깃들인 거기
속소리가 울렁거림 가득한
거울이 있다

무료하고 쉬고 싶은 이들은
모두 다 와서 들여다보고
그 속에 빠져 취하면
비뚤어지고 재미없던 것들도
바퀴가 달려 달려간다

허공은 얼마나 넓고
자기를 보지 못하여
어디로 왜 가는지 모른다

여기서 자기를 한참 들여다보면
눈썹 위에 떨어진 먼지
허욕에 찬 둥근 배통

빛난다고 보이던 오만한 눈
세상껏 다 먹은 듯
저도 모르게 큰 입
다 보이고 움츠린다

작고 낮게 품위를 만든다

살던 세상이 조용하고
자유롭고 평화스럽다

다 무릎 꿇고 벌거벗은
자기를 봐야 한다

세상에 흔들리지 말고
차분한 걸음 배우려면
여기 와서 보아야
자기가 보인다

단풍 I

다 내려 놓으면
저렇게 고운 것을

호주머니 터지게 가지고도
더 가지려다
속이 아프고
그러다 멀리 가지

하루 빨리 비우고
빈 지게 지면
가진 것만으로
묶였던 오랏줄 풀리지

바다 수평선 보며
보리밥에 호박잎 쌈
둘둘 말아 먹어도
이 자리가 천국일텐데

적다고 쓰지 못하고
막막한 사람이
문을 두드려도 열지 못하네

큰 가마 솥에서 펄펄 끓여

버리고 바뀌도록 삶을 사는
너를 닮고 싶다

가을 그림

누가 저리 많은 풍선을
하늘로 날리나

갈대의 솜털도
오늘은 몸을 줄여 흔드는 무용
보드레 만든 홀가분한 마음

해바라기가 한 해 동안
임의 얼굴 따라 돌리던
고개가 무거웠지만
단내나는 호흡의 구름

컴퍼스로 그린 무지개를 보며
무겁고 힘겨운 짐을 지고

주름살 펴고 살아온 수심의
퍼런 한숨이 떠서
새하얗게 가만히 다가 간다

장마로 휘돌아 흘러
정신 없던 붕어들의
빼끔거리던 웃음들도
산꼭대기로 지나며

은은한 그늘 지으며 간다

모든 것들이 위로 위로
평지를 발로 차고
고무풍선처럼 피어 오른다

양팔을 쫙 벌리며 무거운
하늘에 닿은 것들의
외치는 소리가
파랗게 퍼진다

그래서 날로
가을은 높아가고 있다

더 높은들 어쩌랴
한 해를 우러러 차 오르던
목마름의 고픔이
채워졌으니

세상에 병도 없어졌다
자유가 활개치는 가슴

백합꽃 앞에서

하얀색이 때가 없어서
깨끗해 보이는 게 아니었다

큰 소리로 외쳐 대는
뜨겁고 바르며
흠이 없어서이다

집안 화단에 있어도
그 향은 대문 밖까지
곱고 크게 들렸다

여러 송이로 수다스럽지 않고
단 몇 송이 만으로
하늘 가득차게 뿜는 자
사랑의 얼굴이다

깊이 외치는
마음의 샘이다

두어 송이가 서 있어도
마음에 찍혀 오는
한 송이의 오롯한 채택
사랑의 교합이다

떨어질 수 없는
쇠 인두로 녹여 붙인
한 몸 같은 정의 꽃

진액이 피와 합한
신화속 완성된 실체
정신을 잃었다

호수 앞에서

늘 뜬 눈으로 누어
하늘 속을 지나며
살아가는 중생들을 본다

작은 것들은 떼도 잘 짓고
큰 것들은 키재기 잘 하고
싸우다가 다치기도 하고
화해도 않고
자리만 내주고 만다

더워질 때면 모두가
처음 모양으로
내 속에 들어와
몸을 담그고 팔딱 거리며
지치고 힘듦을 빗질하지

흘러나오는 흥얼거림으로
잃은 박자를 찾지

내 속에는 일렁임으로
굽은 허리를 펴주고

손발짓을 조금만 해도

쉬 살아가는
자유의 물고기가 많다

구속하는 것들은
살 수가 없다

모양 지으려 않고
지느러미 몇 개 달고
가까이 와서 들여다 보며
가벼히 흔들면서 살 수 있다

꽃 I

눈을 슬그머니 감으면
저렇게 곱네

욕심이 없어지면
저렇게 편안하고
사랑으로 둥실 뜨네

모양을 짓지 않아도
손이 따뜻하고
착함으로 벙그네

저런 사람 없지만
웃기만 하면 그려지네

해의 속 것들로
배워서 익혀진 버릇

구슬 같은 말을 머금고
할 듯 말 듯
웃을 듯 말 듯

참으로 먹어보지 못한
맛난 먹을 것

오래 가지고 놀아도
싫증나지 않는 노리개

바로 나와 비슷하네

편지 I

마음에 피었던 꽃들을
애써 그려서
그에게 나를 그린 그림에
덧칠을 해 달라고
종소리도 매달아 보낸다

다 쓰고 나면
심장의 맥박 소리까지
따라 붙여 갔는지
숨이 가빠 온다

속으로 난 땀에
약한 저체온에
앞으로 수그러진다

꽃으로 느껴서
가슴에 대고 부벼서
그와 따뜻한 손을 잡을지
두려움도 오래 갔다

배고픔은 줄어들고
저녁놀 같은 그리움은
점점 커가는 꿈을 꾼다

풍경

낯선 칼빛 하늘
손가락으로 그으면

벌건 피가 떨어질 듯
눈에 가시로 아프다

산새들 조율된 악기로
고운 향기 뚝뚝 떨어질 듯
자유의 하늘을 그었다

황색 갈잎들
무음에 맞추어 흔들거리네

여기는 평등의 비무장 지역
누가 무슨 말해도
거리낌이 없는 무법의 나라

연인의 손길 닿는
향기로운 바람의 허리

내일 모레가 여든이네

나이는 꽃이다

피어보았던 꽃
자꾸 피어봤는데
넘어진 사람 생각하면
너무 오래 핀 것 같다

꽃이 지기가 어려운가
필 때는 어찌 피었나

피어서 모레가 여든이어도
감추지 못할 기쁨이 있다

혼자만의 모습으로
지루하지 않는 모습

다 좋다고 치는 박수
밖으로 들릴까 조심한다

날마다 더 곱게
만져봐도 재미있다

비틀거릴 때도 있지만

잘 될 거라고
속도를 늦춘다

무너지지 않을 공든 탑
햇빛으로 다 닳으면
떠나고 싶다

단풍 Ⅱ

고운 잎을 모아
연기만 나던 모닥불에
불이 붙으면 화냥기가 난다

아무렇게 뒹굴어도 한 세상인데
그리 저리 바꾸어
한 눈 팔고 싶다

저 일을 따라
분별 없이 익어진 내가
온 몸에 피를 바꾼 듯

핏줄의 회로를 새로 놓은 듯
유혹의 감각이 벌겋다

산봉우리는 더욱 예리하게 솟고
호수에 너무 잔인하게 꽂혔다

구름이 흐드러진 하늘로
뛰쳐 올라가서
무섭지 않은 죄를 짓고 싶다

어차피 죄가 있어도

다 죽여야 할 형벌인걸
법이 없는 새 공화국

황제도 없는 아슬아슬한
불륜이 선을 넘을 듯 말 듯
마지막 자유천지

한 번 입어보고 싶은
호사한 내 그림

나무다리

냇물이라 해도
물살이 무척 셌다

건너려면 가슴까지
걷어 올려야 한다

나무 사과 상자와 말뚝으로
다리를 만든 이가
다리를 놓고
다릿세를 받았다

건너려면 냇가 갈대들이
조심조심 하라고
흰 머리를 마구 휘저었다

널판 사이로
흐르는 물이 보이고
삐덕삐덕 넘어질 듯
소리가 위태롭다

겁 많은 여자들은 못 건넜고
다 건너온 여인은
사랑의 승부사다

건너와서 두고 온
갈대숲에 엉기어 있는
밤마다 달빛과 나누던
구겨진 사랑얘기가 어슬렁거렸다

언덕을 넘어 가며
지나간 추억을 보듯
갈대숲을 돌아본다

제5부

눈을 맞으며

눈을 맞으며

아직까지도 내겐
이렇게 표백된 마음으로
내게 와서 스스로 무너지는
연약한 사랑이 없었다

사랑하는 사람의 착한
나비 날개 소리로
어느새 나를 감싸 덮었다

스르르 풀어져
안기듯 했는데
촉각의 저 밑으로부터
뿌듯이 차 오르네

나의 자유는
이제 날개에 힘이 솟고
부드럼으로 하늘로 차오른다

어두웠던 하늘이
기쁨의 씨알들로 가득하고
테너 색소폰 가락이
천지를 가득 채워
출렁이는 발레에 빠진다

너희들의 하얀 더미 위에
습작한 사랑을
양손으로 받아들인다

여기서 이대로 죽어도 좋을
기쁜 무덤에 이르렀다

나를 여기에 묻어 달라
자유와 사랑의 고물

고운 가루의 음악으로
무르녹는 숨 가쁜 대지에
가득 퍼진다

의자

내 의자는 각이 커서
좌우로 돌지 않는 구식의자

모양을 내고
다리에 바퀴가 달리고
엉덩이가 움직이는
의자보가 낫다

내 의지를 점령하는
의자는 싫다

사람도 의자다
편안히 있는 사람
돌지 않는 사람
편안히 앉게 해 주는 사람

고요 속에 한 모금씩
차 마시며
숨만 차지 않게 해주는
내 의자에 앉고 싶다

너와 함께 부르는 노래

추위를 겪어야만
꽃이 아름답지는 않다

너와 나 눈이 닿는 찰라
뜨거움에 꽃이 피었지

사랑은 가슴이 저리고
그 다음이 보고 싶어
오금이 저려왔다

그대와 나는 하자는
일마다 잘 끄덕이기에
둘이는 별을 볼 필요가 없다

서로를 보면 별보다도
눈이 부시게
예쁘고 소중한
서로를 보기 때문이다

우리가 걷는 땅에는
그림자가 생기지 않는다
이리 갈까 저리 갈까도 없다

흐르는 데로
떠내려가는 대로 좋고

휘뚱대며 떠밀려도
흔들리지 않는 것은

누에고치 실보다
질긴 끈으로 잡고 있어서다

뒤뚱거려도 마지막은
함께 하자 했다

나뒹굴 비탈에서
달맞이 씨를 따면서도
떨어질 걱정을 하지 않았다

별자리 속에서
서로 잡고 있기 때문이다

기다림 4

그대를 생각하지만
머리에 진하게 떠오르며
만날 수 없을 때
마음을 정할 수 없다

그래도 그대를 생각하는 것
그것으로 안도한다

어느 때는 구름 속으로 흩어져
상이 잡히지 않을 때
가슴이 한없이 공허해진다

마지막 내려가는
발길이 위태하다

아직도 손 잡았던
온기가 남아있는데

그의 마음에 내가
덜 좋은 사람으로 자리잡혔을까

어디에 나를 뺏겼을까
허허로운 마음을 날리려

하늘을 보면
나의 버즘 핀 얼굴이 싫어진다

기다리며 가슴이 얼마나 녹았나
기다리며 이런 저런 생각에
마음이 오그라졌지

나의 이 지옥
출옥의 시간이 언제일까

두려움

지렁치 풀이 있어
이슬에 채여
걷기도 했지만

앞으로는 산모롱이 많고
더 어렵다는데
무난히 지날까

내일 모레
넘을 고개가
산 밑 호수에 비치는데

시퍼런 그림자를 보면
자다가도 눈이 떠진다

자갈도 많다는데
웅덩이도 있다는데
천 길 낭떠러지도 있다는데

눈이 큰 사람도 많다는데

사랑하려도 몸이 달궈지지 않고
웃으려 해도 주름만 질 뿐

먼 길을 떠나기 직전
지금은 고희를 넘어가는
고갯마루

의혹

그 분이 준
마지막까지 걸어갈
거리를 알 수 없다

의사가 놓아버린
주사바늘 보고
운명의 별이 떨어졌다고 할 수 있나

사람이 그렇게 쉽게
모든 사람과 손을 놓을 수 있나

홀연히 날개를 접고
흐드러지게 핀
꽃다발도 내려놓고
저녁 어둠의
얼굴로 돌아서는 날

그의 눈에서 한 순간이라도
잎 떨어지는 소리가 날까

그 얼굴에 쏟아지던
별들도 있었을까

살갗에 주사만 찔러도
목구멍에서 생기가
느껴지는 건데
갑자기 큰 화산 폭발로
그 재에 덮일까

눈 속에 들었던
모든 별들이 한순간
바다에 던져질까

농부가 농기구를 놓듯
방긋 웃고 갈 수 있을까

죽음의 순간엔

잠을 자려고
정리를 마치고
전기 불을 끄듯이

앞에서 일을 마치고
연장을 닦아두고
손을 닦듯이

밥을 다 먹고
수저와 주발을 들고
개수대에 갖다 놓듯이

여행을 다 마치고
가방과 장신구를 정리하고
일상으로 돌아가듯

장꾼이 파장에 팔 물건
다 판 것 느끼고
장짐을 싸듯

격전의 장기를 다 두고
이기고 진 것을 다 잊고
장기를 거두듯

사랑의 승리를 누리기 위해
애증을 보낸 아내와
다 용서해달라고 손을 뻗으며
정리하고 그렇게 모두 잊고

하나님과 흥정을 마치고
그 나라로 갔으면 좋겠다

풍세 사나운 날

처연히 죽은 시간의 새끼들이
거리로 진 것들까지
허공에 뒤섞여 날아올랐다

날리는 것들은
놓고 싶지 않은
사랑과 이별
피나게 싸웠던 상처

소화되지 않던 일
미움 받아 긁힌 얼굴

단맛으로 먹던 일이 한데 얼켜
흩날리고 있다

집요하게 매달리던 것들이
떠나고 있다

내 안의 뜰엔 붙잡고 살 것들도
고운 나비로 날아올랐지

이제 시린 하늘
냉혹한 이성이
눈을 크게 뜨고 있다

숲에 앉으면

숲은 오선지
줄마다 소리가 걸리고

허공에 걸리지 않은 음도
침전하여 내린다

묶음을 가진 이는
바람을 핑계로

네 활개를 한껏 내두르며
각 눈들과 부딪는다

허공을 가로지르는
멧비둘기 가쁜 숨

나뭇가지 사이로
비치는 눈을 보노라면

내 안 허울 안에 갇힌
풀리지 않은 소리들도

덩달아 소리 내고
하늘로 차오른다

사막을 가로지르는 도마뱀

세상이 온통
어지럽고 흔들릴 때도
계절 없이 따뜻하고
평안해서 좋았다

바람이 불지 않는 양지 녘
머리가 이따금
아프기는 했지만
줄곧 달려다녔다

사는 것이 모두 그렇다고 해서
그냥 살았다

반가운 사람들 속에서
사나운 마음 감추고
웃기도 했고

미워하지만 또 만나며
따뜻한 손을 뻗지 못했네

잘 된 듯 싶었던 일들이
잘 되었던 일일까 모르고

혼자 착한 듯 잘 하는 듯
가혹했던 독선의 손을 보며
민망한 작별도 하면서 살았지

얼마 안 되어 찾은
자유의 땅

얼마나 찾고 싶었던가
내 소유의 시간

누구에게도 얽매이지 않고
짐이 없는 아이의 자유

작은 음파에도 쉽게 일렁이는
부드럽고 가벼운 풍성

침묵의 수영장에서
유영하는 재미
매이지 않고
어깨에 짐이 없고

자유의 부드런 날개
수없이 돋아난

천사가 나르던
공간의 기쁨

비로소 눈 뜬
생명의 가치
창조해야 할 새 가치로
힘을 잃지 않고

따뜻한 사랑 만들어가면서
그 위에 아프지 않고
윤기나게 걸어가야지

제야 I

내 주위에서 살던 새들
먼 지평으로 떠나가고

한 해 걸어온 길들이
던져진 한 줌 밀가루처럼
종소리로 부서져 들리네

거두고 싶었던 많은 수확물
낙엽과 함께 땅으로 가고

정작 이런 때 나오는 울음은
땅 속에 묻히고

놓친 기차소리만
심장 속에선 더 크게 울리며
알지 못하는 대륙으로 달리네

다음 차는 언제 올지도 모르며
부풀은 서릿발 밟고
허공에 우뚝 섰네

장독

시루떡 떼다 놓고
무 종지속 굵은 실
심지 가물거리면

신의 눈빛을 두려워하며
빌어대는 정성의 소금 끼
뚜껑 위에 결정되어 마르고

술렁이는 혼령의 숲
제단 주변엔 터주 구렁이도
또아리 트는 옥좌

유년의 상수리 돌 사이에 놓고
눈 맞고 얼리고 풀린 것
화롯불에 동심을 구워 먹고

어떤 신의 얼굴인가
옷자락인 듯 곱게 자랐지

주물을 녹인 물로
부작을 붙인 듯한 메주로

왼 새끼줄에 숯과

고추와 솔가지를 끼워
원시추장의 몸인 듯
독에 금줄 둘렀으니
이만한 신전 있을까

이만한 헌물이 있을까
조석마다 청수물 떠놓고
기도하며 자식들 키웠지

지금도 마음 구석에
모르게 자리하고 있지

가물거리던 그 기도가 커서
기쁨이 되고 걱정 뛰어넘었지

야생화

잠 속에까지
사는 일에 몰두하지 않기로 했다.

그렇다고 풀어진
넥타이로 살고 싶지 않다.

뒷짐 지고 조용한 걸음으로
사람들 눈 속에 잘 들어가
마음을 다독이는 건
가시가 없어서가 아니고

고운 색과 부드러운 음이 있어서일까?
발길에 채이지 않아서일까?

사람들의 눈에
날개옷의 깃이
아프게 스치지 않아서일까?

슬프게도 문을 흔들지 않고
그렇다고 눈물을 낭비하지 않지만

잔등을 치듯 잰걸음 아니라도
얼어진 길목도 소탈하게 걷는

바보스런 눈 때문이 아닐까

깃발 흔들며
하늘 찢지 않고 살아온
자기 천분으로 살아서인가?

나무들의 호흡소리
바람에 나무들의 옷깃이 날리고

저마다의 모습으로
쪽지고 화장히고
장에 가고 일하러 가듯
팔을 흔들며 살았다

거울을 보며

정적이 지겨울 때
은가루 부서지듯
작은 소리 뿌리며
고운 인견 볼에 대듯
나를 본다.

참으로 냉정하게
조금씩 벗겨 가면
비로소 추운 나를 만난다

아닌 것도 얼마나
공정하다며 보듬었나

냄새 나는 손을 보고
그런 것들이 바로
수식인 것으로 보였다.

멀리 떠났다가
얼마 만에 만나는
자아와의 만남이냐

이제까진 기억상실증으로 치고
내 터에 나를

새로 짓고 싶다

집 나간 나를 찾아
어둠도 두려워하지 말고

하늘에 새로운 떠돌이 별로
살고 싶다

어른이 없는 하늘

나는 잠자리인지 물고기인지
잡고 매달리던 끈이 없고 보니
공중으로 오르는 듯
높이를 모르고
땅으로 기어다니는 듯
잘못도 구분 못한다.

해를 보고 할 말도 잊고
가슴속에 작은 뼈들이 삭아졌나
기억들도 천둥을 맞은 듯
산산이 흩어졌다.

어디로 가야 할까
무엇을 해야 할까

언뜻언뜻 줄 끊어진 땅에
주저앉아 일어나지지 못하고

그 많던 사람들과 곁던 어깨도
많이 부서진 것 같다.

위로의 말들로 눈을 떠보려도
어둠 속으로 들어가며

성냥갑처럼 일그러 든다.

알던 사람을 알아가면서
어떻게 살아야 하느냐고 물어가며
피난길에서 뒤쳐진 고아처럼
주린 배를 쥐고 있다.

그분이 지평을 가르며
핏줄처럼 긋던 금을 따라
짚히는 대로 살 수밖에 없다.

오래 동안 앓고 나서
안개가 걷힐지 모르지
그때는 가는 길이 짐작될까?

네가 필 때

빳빳하게 풀 먹인
광목 이불 속에서
부끄럼 없이
옷을 벗고서

모아둔 순정의 가쁜 숨
몰아쉬는 밤이나 있을
순정을 통째로 내보이는
자랑과 기쁨의 순간이다.

더 남은 자랑도 없고
더 보일 것도 없는
모두를 내 보여
이제 한이 없다.

더 이상의 큰 웃음도
서러움 같은 울음도
좋은 건지 나쁜 건지
모를 강물에 빠졌다.

어둠 속에서도
오므라지지 않는
함박으로 퍼 담은

바닷물이 끝없이 모두
금으로 변할 때를 위해
속저고리만 입고

조용히 숨죽이며
녹을 준비를 한다.

내일

싸락눈 쏟아지는 토굴 속을
얼마를 지나야
그 땅에 이를까?

꿈에 몇 개의 날개가 나야
시간을 줄이며 가나

신비의 땅에 이르면
첫소리는 뭐라 할까?

하늘은 아직 청정한데
굳어진 어둠속에
꼭 갇혀 있으면 어쩌나?

가다가 지쳐
두 날개마저 힘겨워
다 소진되면 어쩌나

털빛을 고르고
부숙하게 더 커오도록
붉은 입술로

그와 키스하기 위해

빛나는 융단 위를
쩡쩡하게 걷기 위해

잠속에서 심부전증만
일지 않으면 하고
방문을 마지막으로 닫는다

숲 아래서

갈대숲 아래서 잔잔한
베이스 기타소리가 났다

예고 없이 화산이 폭발하여
계곡은 금물로 홍수를 이르고

하늘 능선 자락에는
투명하게 화장을 한 바위에
제물이 널브러지게 차려졌다

누구에게 드리는 세사인지
연기도 없이 드리는
기쁨의 헌제

호수에 선연히 비치는
이제까지 잊혀지지 않는
사람들과의 희미한 자욱들이
약한 바람에 떠다닌다

호수의 백조들이
고요한 발짓으로
수면에 뜬 불에 익은
것들을 쪼아 먹는다

난 여정에서 돌아와
그들 등에 업혔다

벽속의 산책

그을린 성주 하나 신앙으로 달아
아랫목 구석에 후리던 등잔불

노름하는 아배의 손 끝에
끗발이 오르는지
불이 천정을 거칠게
통통거리며 춤을 추었다

어매는 막내서부터
내복을 벗겨 이를 잡고
큰 놈 할 때는
고개가 꾸벅하다가
애들과 한 숨 자고는

떨어진 양말 깁느라
바늘로 찔려가면서도
달 같은 애들을
번갈아 들여다보면서
호주머니가 두툼하다 했지

문창호지 노란 빛이
고요히 안정될 때
뒷산의 부엉이는

사냥갈 차비 하는가
그들끼리 어디로 사냥갈까
얘기를 나누는가
밤의 성을 높여갔다

방이 좁아 벽을 차며
몇 번 부딪치다가는
넓어지는 방을 느끼며
더 곤히 단잠을 자겠지

가봐야 할 곳인데
가지 못하는 곳
대꼬챙이로 박힌
가슴의 연못에서는
연신 물이 콸콸 흘러내리네

새벽 II

당신을 알아보지 못했다

잠을 쫓으며 달려온 후에야
맑고 깨끗한 당신이 보입니다

자갈길만 다니면서
고운 모습을 만나지 못했는데
당신을 보고서
보고 싶은 모습을 보았습니다

천천히 일어나
잠 못든 새가 날아오르는
그 날개를 타면
세상의 빛나는 모습

부드럽고 선한 모습
이제 보이기 시작합니다

당신이 거두어낸
천한 안개들
거치어 가기 시작하니
하늘이 그린 모습이
단맛처럼 보입니다

그리움을 만났습니다

단풍

얼마나 오랜 시간을
몇 마디로 응축해서
질러내는 소리던가

아직도 덜 발효된
목구멍의 껄떡거림은
산속에 그리고 싶은 말들이
의사로 확정되지 않은
무거리가 있어서일까

여기저기서 지르는
갖가지 소리로
사람들은 혼란스럽네

쥐어진 듯하지만
알듯말듯 다양한 메타포

희미하다가 모양지는 것
모두들 보네

얼마나 고운지
빙하기 너머의 세상

낙화

18세기 영화를 다 누리고
그 굳센 성벽 다 허물고

눈물도 이젠 형식이 되어
그 빛난 도포 자락에

세기를 바꾸는 이념
꽃비로 흩어 내린다

지난 영화는
깨진 기와조각으로
발끝에 채이는데

눈이 빠지게 보고 싶은
떠나고 없는 것들

작은 열매로 지어져도
아픔을 말할 수 없어
허벅지에 멍이 더 든다

눈가에 짓이겨
말라붙은 영화

새 날의 북소리로 울려오지만
새침한 눈빛 흘리면서
그렇게 저문다

별이 보고 싶다

집안에 불이 없으면
별이 마당으로 쏟아졌다

모기가 덤비고
모깃불 속에서 쿨룩대고

문설주 갈라진 틈에
빈대와 벼룩이 설쳐
잠 못 들 때

마당의 밀대방석으로
마구 쏟아졌는데

그 돌들에 눈이 아파도
한 아름 주워
호주머니 가득 넣고 싶던 별

별 소나기라도 맞아보고
다그락거리며 잇몸이 다쳐도
아득아득 깨물고 싶었지

좋은 사람과
묘판에 앉아

자기 별을 정해보자고
서로 보여주고 자랑할 때
그 별들이 손이 닿을 듯
가까이 있었지

지금은 뒹굴고
긁히고 부서져

무슨 연기인지 가려서
그 하늘의 별이 없어지고
그 마당도 잃어졌네

살던 곳을 따라
새 자리로 마음을 꽂고 살자고
다짐하던 별자리였는데
보이지 않네

기쁨

징검다리만 건너도
빠지지 않아
설탕이 녹는다

입맛을 다 잃었대도
먹고 싶은 것이 있다면
준비된 내장에서
박수소리 들린다

병원에 가서
아픈 사람이 많은데
그 줄에 서지 않으니
몸 속에서 화산이 솟네

지나간 세월 다 보내고
이제 새 들녘 보이면
폭포 밑에 선 사람이다

땡감이 떨어진 장례식장
마칠 날 모르는 바보는
일출을 보는 사람이다

기다림을 잊은 사람은
지구를 들어올리는 자 같다

저녁 풍경

유리컵을 허공에 깬 듯
머리 위에서 뜨겁게
내리쬐던 열대 숲

아리아 3악장이 끝나고
날리던 연줄이 늘어져
감기어 오면서
세상 저음에서
브루스의 가락으로 내려앉았다

밀림과 벌판을 달리면서
눈 속에서 튀어나오던
꼬리가 많은 음표들

이제는 꼬리 잘린 음표들과
기둥 옆에 점을 붙여
절름거리는 노란 불빛

작은 석탑이라도
쌓을 것 같다

어두운 색 속에서
더욱 빛나는 것들이 깨지면서
환희의 호수가 떠 보인다

만리포 해수욕장 추억

혼자 떠돌다
뜨거움을 식히려 들른
대합 뚜껑 닮은 해변

갈매기가 흔들리는
리듬을 타고
어지럽게 선회했지만

물결에 밀리고
사람에 치여
수평선으로 떠밀려 갈 때
혼자 있었네

모래 언덕에 피던
해당화 같은 연인처럼
연락선으로 오고 가며
흔드는 손을 보면서
반겨 따라 울었지

함석으로 만든
삿갓드럼을 세워놓고
사납게 긁어 대는 기타에
젊은 밤을 태우던 소리

세월 속에 묻혀
보이지 않고

밤하늘 빼곡이 쏘아올리던
폭죽의 껍질들
아침에 발끝에 무수히 채었지

모래 속에 목까지 파묻고
몇 줌 햇살을 부수어 쪼이던

고운 살갗이 비늘도
지금은 다 바랬네

비눗방울

허울의 산실에서
끝 간 데 없이 일어서서
사면의 바다를 보다가
이내 사그라지던
허무의 구름

손으로 잡으려
맘도 먹기 전에
너는 가버리니
뜨거운 냄비에서
감자는 늘 타고 있었네

체중을 줄이고
지붕 꼭대기까지 올라
내 어지러운 터를 보며
네가 터뜨리던 웃음을 참을 때마다
뻗쳐오르던 통증

그 후로 너를
손바닥에 가두고
너를 얼굴에 묻고
하늘로 오르는 꿈을 꾼다

희망

보는 것이 날개를 달아
가는 길을 잡아 주기를

좋은 것은 셀 수 없이 많게
보자기에 쌀 수 없게 받기를

오래까지 들고 있어도
무겁지 않은
보석 같은 빛 만들었으면
무겁지 않겠다 하지

구름 같이 흩어지고
무게가 자꾸 바뀌는 걸 알고
가진 것 닦고 더욱 꼭 안으면
사랑이 새끼를 칠꺼야

낚시를 던져 놓으면
오랜 시간을 타고
안 부서질 듯 해야
고기도 놀다가 건드리지

보이지 않을 듯해도
기다리며 만들어 보면
모양이 생길까

추도식 날

아버지보다 스무 살이나
더 살고 있는
아들은 늘 미안스럽다

어머니는 아흔 두 살
고마운 나이까지 사셨다

추도식 상을 차리면
조금만 잘못해도
불호령 내던 아버지

말도 못하고 속으로만
냄비를 태우던 어머니

두 분이 오늘은
맛있게 잡숫는 모습

구부러진 고집
번쩍이던 호령내던
성질이 부서져 내려
오늘은 조금씩
달귀지는 냄비에서
감자가 잘 익어가는 듯하다

멀리 떠나갔지만
손도 잡히는 듯
그리움이 꽃피는 듯

헤어질 때는
울음까지 나올 듯
밤이 더워지고 있었다

시라는 거

몸에 걸리던 거
마음에 잡혀 있던 거
다 버리고
정한수 사발에
이는 물결

고이 있을 때
꽃이 몽우리 져 있다가
첫 꽃잎 터질 때

온갖 칸타타가 울리듯
시도 그런 계곡을 지나야
비로소 보이는 동네

좋은 것으로 좋고
나쁜 것으로도 좋아
혼자 터덕터덕 가야지

길을 가리켜 줄 수 없고
연장도 줄 수 없고
마음을 하나로 묶을 수 없고

사방팔방 백방으로 난 길

새들이 날개를 붙여서
박자에 맞추어 살도록

몸 부비며 살도록
푹신한 둥지를 보여
함박웃음 만들게 하는 거 아닌가

부자 되어서도 맛이 같은
그런 국이어야 할 것 같다

주름살

살아가는 것이란
쟁기질 하듯
이랑을 만들고

농사짓다가 또 갈아가다
기름 빠진 가죽이 되어간다

비 오는 해질녘
세수하고 거울보고
다림질을 한다

시간이 너울거리며
파도에 쓸리기 전
얼굴이 바가지 같았지

사람들 속에서
난해한 문자의 너울

높아가던 파도타기하면서
여러 갈래의 새 지도로
물을 확 끼얹고

깊은 강을 없애려 했지만

눈물강에 빠질까 두려워하고

큰 물이 빠지고 나서
백사장 같았지

작은 소리의 음파가 들리는
지금의 주름이
꽃같이 조용하고 환하다

귀거사향歸去思鄉

큰 와불이 누워
그 사이로 구렁을 내고
사철 물을 흘려

거기에 달래도 씻고
산실의 걸레도 빨고
계절을 바꾸어 걸고 살면서

살다가 재미있으면
풍악도 울리고 춤도 추고
어깨를 겯고 세운 모두는
황제의 자녀

제비는 해마다 살갑게 찾아와
집집마다 집 짓고 지지거렸지

제사와 어른 생일에
동네 어른 다 불러다
같이 먹곤 했지

안된 일 당한 집 있으면
하던 일 다 그만두고
이것저것 갖고 달려가

퍼주고 갚아주었지

지금은 밀려나와
그 하늘 안보인다

무사한 것 같은
해설픈 저녁

양철굴뚝에 펑펑
뿜어내던 연기
거기를 달려가 보면
매캐한 그 냄새

가난에 얼룩진 치마 날리며
자라는 대로 머리도 못 깎던
아지매들과 코흘리개들
모두 우리였지

시간이 무거워

전철 속에서 핸드폰을 켜고
시간이 무거워
밀고 당기는 이들이
외줄 타는 걸 본다

눈을 마주보고
만나서 반갑고 좋다고
자랑하고 궁금한 거 물어보고
속으로 저울질 해도 좋은데

세월의 맛이 씁쓸하여
커다란 그물에 잡혀
끝없이 끌려가고 있다

냉동 창고에 한 오십년
갇혔다가 나오면
동물의 왕국 같아 보일까

이럴 땐 담장이 낮은
연옥에 들어가거나
큰 연못에 빠져서
하늘 한 점 응시하다

시간의 무게로
두 손 들고 가라앉아
한동안 갇히고 싶다

종

온 몸을 가루가 되듯 흔들어야
세상을 품을 수 있나

한 서린 이에게
되게 얻어맞아야
비로소 은혜의 손을 뻗고
그 머리에 쓰다듬긴다

발밑에 깔리어
연기처럼 휘감고
떠오르는 비상

마음은 가라앉고
깊은 바다 속이다

높은 하늘 속으로 날아
극락의 환하고
향그런 풍경이 보이지

한 바퀴 휘돌아오면
비로소 온몸이 눈물에 적시어
이승에 와서 낯선 듯

거칠었던 호흡이 고르고
다리를 지나며
세상은 고요로 돌아온다

암각화

큰 것은 그렇게 크고
날개 끝에 발톱이 있고
협의를 통해
죽음을 양해 받고
살았던 무한 시간의
그 시절 소설책이다

질문이 필요없는
동요하던 바람이
지금도 불어나온다

비가 오거나
지진이 나면
뜻 모를 언어들이
꿈틀대며 튀어나온다

나무와 공룡과 턱이 긴
원시인이 걸어나온다

철석거리는 파도의
온 몸체가 지껄이던 소리
생김 같이 언제나
똑같은 말은 아니고

바람이 많아지고
흔들림이 많으면
다른 날들의 말소리가
여러 사투리로 들린다

지금도 뜻 모를 말
당신과 나 사이에
암각화로 쌓인다

말뚝

말을 안 들으면
생각의 자리에 말뚝을 박고
묶어 둔다

예뻐하기 위해서
장미꽃 다발로 보고
그리워하기 위해
전화로 말뚝을 맨다

매이기 원하지 않으면
매여 있어도 거기 없다

무릎 꿇고 있다가도
허공을 나르며
빙빙 돌다 끊어버리고
저 갈 곳으로 간다

말을 잘 듣도록
캬라멜을 주거나
양갱을 줘서 묶어야 한다

먼저 말을 들어줘야
저쪽도 말을 듣는다

말뚝은 억지로 만든
노예문서다

대가리가 다 문드러지게 박고
손 잡아 주기를 바라는
내 짝사랑의 경계다

노인

걸어오면서 무거워진
구름이 머리에 덮여
뒤돌아 가고 싶지않는
지금은 단풍으로 익은 잎

가방 속에 가득 담긴
무지개와 호두와 잣
주워 담고 까먹으며
먼 길 기차 타고 오는데

조금씩 힘이 들고
머리가 조금씩 아프고
생각이 늦게 떠오른다

턱걸이를 여덟 번 하고
백마강을 헤엄쳐 건너고
오줌을 싸면 한 길 창을 넘었고

소주를 열 댓 병 마시고
싸워서 이기던 때를
지금 다 가지고 있다

빨리 가다 넘어지면

한 참 앉아 있고
붙잡고 천천히 갈 일 뿐
어디도 갈 수 있다

나이가 둘러싸서
허리가 조여지지 않아
기침을 자주 하고

아는 사람
많이 받들어 모시고
웃음 붙들고 퍼주며
강물처럼 살다가

정거장까지 여유있게
고학년답게 살다가
홍시 먹는 마음으로
가는 데까지 갈
신사

돌담 모서리

작은 동네 길
조금 높은 고비를 넘으면
돌담 모서리가 있었다

넘다가 만지고
내려오다 손 바꾸어 만져
반들반들한 예쁜 때가 묻었다

동무들 어디 갔나
물어보느라 만졌지

더 보고 싶으면
한 조각 돌보다
둘레의 돌들을 만졌다

거기서 하던 바꿈살이
재미있던 구름으로 떠오른다

엇갈려 쌓은 돌 위에
방아를 찧는다고
고무신짝에 흙을 담아
위에서 흘려내리면

아래쪽에 흙이 쌓여
위쪽에 방아가 찧어진 쌀
이 빠진 종지 솥에다
마른 솔잎 불 때서 밥을 하고

대접 깨진 조각에
쑥국도 끓이고
망초잎 뜯어다 겉절이도 하고

영숙아 영철 데리고 와서
밥 먹어라 하던
그 날의 소리가

오늘 모서리에서
아련히 들린다

살아나는 벚꽃 추억

겹겹이 입어도
자전의 바람만으로
추운 강을 겨우 건너와
바늘 구멍만한
온기를 느끼며
이제는 되어 가는가 싶은 날

정교한 세공으로 늘어 붙인
은화 다섯 조각들이 덤불지어
하얗게 웃던 소리 들린다

데이며 지나고
긁히며 걷고
비굴의 자리도 걷고
지금 이만하면 됐다 싶은 오늘

개울에 누워보니
하늘이 꽂아준
커다란 꽃 무더기는
취객의 어깨를 다독이며
마구 쏟아지네

그런 자리의 흉터가 걷고

이제는 딱지가 쫀득쫀득 지어
아프지 않게 떨어지는 날
얼마쯤 더 가야 할까

시 I

갈 수 없는 곳
볼 수 없는 것
들을 수 없는 것
먹어 보지 못하는 것

바람을 맞는 듯
첨벙 빠지는 연못

다리가 붕 떠서
뱃속의 중량이 다 빠지고

머릿속이 싹 비어져
풍선으로 중력 없이
떠다니는 방황

자유는 얼마나 감미롭냐
잡았던 것을 놓아버리면
얼마나 바로 서는 것이냐

미워함 서러움도
다 내던지면
얼마나 가벼운가

잃어버리고 새로 찾은 것
깨끗이 씻어
금고에 넣어두고 싶다

기우는 시월

시월은 기도하다 잃어버린
고무신 한 짝

잡힐 듯 손아귀에서 떠난
예쁜 새가 생각난다

한 웅큼 잡을 것 같던 금화를
잃고 나서 빈 주머니만 있네

빚쟁이들이 등을 때리는
아픔에도 시달린다

가던 길을 잃고
지금 어디로 가는지 모른다

눈의 동자가 커져서
하늘이 온통 하얗다

보고 싶은 것이
뭔지 모르고
그걸 찾다 밤을 샌다

슬픔을 잊으려던 버릇이

더 큰 슬픔을 만든다

유서라도 써야 하는데
한참을 써 봐도
새끼발가락 아픈 얘기다

섬으로 떠나야 하는데
생각만 모아져 산만하네

다 떠나면 나홀로
등불 앞에 가민히
앉아 있을 수 있을까

비로소 날이 새려나

2월의 끝날

구름도 가던 길을 자꾸 바꾸고
바람도 머리를 치고
바지를 치는 것 보면
시절이 갈 곳을 못 정하나

이러다간 총성도 없는
요란한 혁명이 오려나
침하되어 가라앉지 않으려나

솔 소리는 부드럽게 갈라져
고른 숨결로 피려는지
부지런히 손을 흔드네

너풀너풀 나방이나
센 침으로 겁을 주던
벌들도 오려나

모두가 뛰어나와
목구멍만한 하늘에서
꽉 차서 말도 못하는
기쁜 날도 오려나

보내야 하지만 가고 나면

오랜 세월 갇혔던 작은 나라
독립의 깃발 든 백성들이
떼로 몰려올 기세다

밤눈

뜨거운 진실을
알지 못하였으나
보이지 않는
어둠속에서 온다

어둠의 가슴속
아련한 길을 내면서
돌다리를 건너

호수 위로 나르며
나뭇가지 위로
그림을 그리고

비틀대고 돌아온
내 길을 덮어준다

새로 걸어가며
자욱을 내라 한다

세상이 그렇게
많이 바뀌어져도
살 줄 모르는 사람

깨져도 몰랐던
꿀송이 물고 섰던 꽃

오는 것마다
가슴에 꼬옥 안고
환히 웃으며 살아야지

흐름 속의 새

오렌지 한 컵을 마시며
하늘을 보면
비취색 새들이 눈에 빠진다

멀리 철새는 줄지어 날고
찰랑이며 번지는 호수에
구겨진 모습으로 떠 있는
오늘의 나

사랑이라 피었던 꽃들도
빈터를 바람으로 서성이고

상한 얼굴에
오늘은 짙은 화장을 하고 싶다

늘어진 줄
거친 살결에 활을 걸고
수채화 그리듯
세레나데를 켠다

잠 속에 죽어간 시간들
툴툴 털고
녹슨 금방울 흔들며

가랑잎처럼 바스락거리며
어디론가 흩어지고 있었다

잡아주는 이 없네

무릎이 아파 앉았다가
일어서지 못해서
손 좀 잡아 달라 손 내밀어도
잡아주는 이 없네

호젓한 길 가다 생각하면
어차피 혼자뿐이란 걸 아네

넘어지고 비틀거리며 살아도
부서진 기억 기우며

희미한 길을 가더라도
푸르렀던 날에 펑펑 튀던 길로 보고

더듬더라도 부드럽게 느끼며
혼자 천천히 살아야겠네

제6부

늦가을에

늦가을에

아침에 멀어진
임의 품인 듯 냉랭하여
마음까지 얼었다

도로에 나서면
붉고 노란색으로
버무려진 가로수

신나게 그려진
사생화 화랑

지평선을 둘러선 산에서
별의별 화가들이
온갖 색으로
물감을 뿌려대네

차가운 시절
어디에 마음 기대고
어디 가서 거처 삼아
어찌 살아가야 하나

엮은 뗏목 한 조각 없이
이 가을 어디로 가야 하나

우리는 정처 없는 짚시
아 이 광란하는 가을에
미칠 수도 있겠다

하늘만한 풍선을 타고
날아가고 싶다

아무리 생각해도
황제를 꿈꾸는 왕자처럼

호사한 여인과 사랑을 나누며
핏빛 가펫이 깔린 식장에서
결혼식을 올리고

마취제가 든
와인에 취하고 싶다

물레방아 II

곧추 섰다가
하얀 웃음으로
멀리 보며 달린다

돌고 싶어서
돌아가는 게 아니라
누구의 손으로 돌리는
타인의 동작이다

생명의 리듬
공중에 흔들어 보이는
살아있는 춤이다

기억 너머까지
눈을 크게 굴리며
생각인 듯 언어인 듯
삐걱거리며 돌아가지만

얼마쯤 가다가는
누구의 손에서 떨어져
제 생각으로 춤을 고르고
달린다

꽃 자리

정원을 걸을 땐
바람보다 앞서서 가지 말고

침묵으로 걸어야
꽃들의 얘기 들려요

고요로 쌓인 돌들도
몇 십 년 눈동자 굴리지 않고

서로 떠 고이고
연주되는 가락에
몸까지 긴장하며 듣지

나비도 여기 와서
꽃들이 무리진 덤불에서
떼지은 웃음의 폭포를 보며

한 생을 참았던
사랑을 말하듯 더디게

입꼬리만 조심 조심
움칫거리며 지나요

천국의 너른 광장
만향이 넘치는 자리

정적으로 흔들리는
리듬의 도시

낙인

여럿한테 섞여졌을 때
알아보기 위해
쇠주걱에 모양을 내어
마음에 불을 달구어

등짝에 흰 연기가
풋썩 날 정도로
뜨거우나 다치지 않게
그 가슴까지만 닿게 해서

질긴 끈으로 이어놓은
혼인식 같은 모양의
꽃 같은 약속

떠나지 못하는 마음과
한 곳이 녹아들어

두 것들이 합해지는
노예로 이름지어지는
죽어도 끊어지지 않고

영혼은 모르지만
가졌던 자가

육신이 사라져도
전설로 꽃 피워지는

달디단 아픈 약속

어둠이 내리면

어느 날 세상도
소리 없이 이렇게 닫힐까

소리 없이 잡히지 않는
허상의 그늘 속으로
시력이 빠져 버려
넘어질 위험에 떨며

오늘 시간의 선로가
잊혀져 몽롱하고
내 자신도 애매한
내일이 있을까

지금 선 자리가 어찌될 지
산길을 한참 가다가
비뚜러진 혼이 잘못된
질서없는 얼굴이 와서
마구 끌어 안을 것 같고

무얼 먹고 살았던가
먹었던 맛도 멀리 가고
지금 가고 있는 길이
밤 새워 가도 갈 곳이 없고

더 가고 싶지 않고
이러다 우물속 같이
바닥도 없는 곳으로 갈까

살아온 밝은 햇살도
돌아서 가고 싶음도
내일 하고 싶은 일도 없다

혼자 살았는지
같이 살아온 것도
기억에서 멀어져 가고

이 꺼풀이 벗겨질 것인지
불안 속 나무처럼
감각을 잊기 시작한다

고란사

바위틈에서 솟는 물로 머리 감고
제 몸을 강에 비추어 보고 섰는가

돌아온 안개 낀 길 위의 생각들을
얼마까지 세면 끝이 날까

한숨과 허접스런 생각 털어
강에 떨어버린다.

낙화암에 잠자던 두견
목이 가라앉고

불을 품던 날의 퍼런 멍이
궂은 날 만성 두통으로 번져 온다.

발 밑의 물결
밤낮 없이 철석이고

내 속의 파도를 잠재우기
밤마다 현기를 일으킨다.

모든 것 털어
불에 태워 허공에 날리면

단청의 구겨진 무늬들이
장삼자락에 떨어져
어둔 밤의 반딧불로 날아 피었다.

새벽바람 속에 퍼지는
녹슨 구리 종소리

속세를 털고 법열에 녹은
스님의 얼굴은 목탁소리 위에서
비로소 정좌를 한다.

아침에 자갈길 단장 짚고 올라
바위를 녹일 듯한 석양을 보도록
매양 되풀이 되는 생인 것을

한 줌 흙이 되어
의미가 없은들
어찌 할건가

응원

북소리로 손을 흔들어
공중으로 터지는 소리

삼진으로 물러나도
리더들의 명주실에 끌려
한 가락으로 위 아래로 흔든다

홈런이면 운동장이 조각 나지만
병살타 쳐도 그래도 잘했어

선수 운동복을 흔들며
잘했어 그래도 잘 했어

하다보면
잘 될 때도 있겠지

우리의 함성이 적어지면
선수도 기죽을까 봐
어두우면 핸드폰에 불 켜 들고
소리 지른다

화첩에 선수 이름을 크게
때에 맞는 글씨를 써

'한 방 때려'
눈길 한 번 다른 데 못 보고

이길 때까지 이겨질 때까지
소리 질러 목이 막혀
누가 이겼는지
졌는지도 모르고
돌아가도 좋기만 하다

오늘을 다 싣고
집에 간다

봄비를 맞으며

유채밭에 비가 오면
하늘에 퍼지던
그 향기와 꽃가루가
땅에 주저앉아
겨우내 구적대던 것들에게
향을 묻힌다.

지구 저편 튀던 파편에 묻은 열기에
하얀 연기를 내며
발포한 이들의 뜻을
냉정하게 생각하게 한다.

내 가슴엔 아직도
씻어야 할 불과
뻗어보지 못한 한 숨
증오로 갈라져 흐르던 피
터치고 싶은 탄환을 만지며

비를 맞고 활짝 여는
저 낙타 등 같은
히말라야시다의 가지와
저 수많은 잎을 가진 은행나무와

그 밑의 질경이 잎들까지
즐기는 것을 보고
나도 손을 들고
덩달아 춤을 추고 섰다.

눈길을 걸으며

여린 눈초리가 가루되어
간절한 주문 외듯
전설처럼 쌓였네

되돌아가고 싶었던
어릴 적 기억들이
이제 여기 고운 잠을 자고 있네

걸으며 발밑에 들리는
아직 익지 않은 자모들이
제법 억센 소리를 낸다

사랑이란 느낌이
발을 타고 오른다

깨질 듯한 소리지만
예쁘게만 부서지는 소리
고운 얼굴이 허공에 피어오른다

찬란한 것들에 둘러싸인
거룩한 순백의 포로

냅다 누우면

하늘에 닿을 듯 싶다
그 가슴까지

두레박

오래된 샘에서
두레박질을 한다.

둔탁한 소리 내며
턱턱턱 물에 닿았다.

줄을 채서 기울였으나
엎어지지 않고

둥둥 뜨는 듯
앞뒤 없이 떠 있어
내려치듯 채니까

무겁게 엎어져
물이 채워지는 듯해서
끌어올려 보는데

질질 물이 새어
두레박 손잡이 잡으니
무겁기만 하고

길어 올린 물은
한 바가지 쯤

나이 먹은 두레박

내 허리 아래
엉치가 아리다

가을 냇가에서

피라미도 물살을 가르며
올라갈 일이 없습니다

가재는 굴을
더 파야 합니다

시린 다리를 끌고라도
삽질 같은 일을 해야 합니다

물이 가지런히 빗은 듯
기름지게 흐릅니다

산을 그 가슴 속에
안고 있습니다

포근히 잠이 든
산의 호흡이
또 한 바탕
일어설거라고 합니다

아침마다 그리움이 안개로
화약처럼 피어올랐습니다

이제는 더 이상 파이고
아프게 상처가 나도록
덮쳐 흐를 비는 없을 것입니다

이제는 가만 가만
주름진 손잡고 얘기하면서

지나간 그 때를
이야기 하는 일만
둘이는 남은 것을 인정합니다

더 무너지기 전이라야
비겁하지 않겠지요

그래서 이그러진
흉터를 메우기 위해
아름다운 용서를 빌고
용서해야 합니다

이제는 움푹움푹
패인 곳이 메워져야

내년 고목에 봄의

꽃이 달리는 날

새소리가 음악처럼
부산히 연주될 것입니다

우리는 화롯불 다독이며
사랑의 굴레에 씌워졌음을
영원히 자랑해야 할 것 같습니다

숲 Ⅱ

숲은 오선지
줄마다 소리가 걸리고

허공에 걸리지 않은 음도
침전하여 내린다

묵음을 가진 이는
바람을 핑계로

네 활개를 한껏 내두르며
각 눈들과 부딪는다

허공을 가로지르는
멧비둘기 가쁜 숨

나뭇가지 사이로
비치는 눈을 보노라면

내 안 허울에 갇힌
풀리지 않은 소리들도

덩달아 소리 내고
하늘로 차 오른다

요리하는 여자

서쪽 하늘이 헬륨처럼
잘 익은 오후
한 여자가 요리를 하고 있다.

일상에서 방금 빠져 나와 이제
윤기 나는 파를 보며
거울 속 사람들의 입에
넣어 보기도 한다.

은빛으로 반사되는 여자의 눈빛
주위의 미풍마저 고요해졌다.

국물을 풍직하게 잡고
마지막 조미료를 넣는 순간
운명의 갈림길에 선 듯
잠시 긴장을 했다.

바이올린 현이 가볍게 떨고 있다.
군무가 일어나자
그도 덩달아 춤을 춘다.

후라이팬을 불에 달구면
비로소 교향악이 퍼졌다.

뜨거운 열탕에서 목욕을 한다.

체중도 잊고 발레를 한다.
물기를 털고
시간의 계단을 내려오는
그의 발목에서
방울소리가 났다.

해바라기를 한 묶음 안고 있다.

풋풋한 보리골

소리가 정적으로 흐르는 곳

밭둑에 삘기가 하얗게 세고
달래의 여문 씨앗이 보석처럼 반짝인다.

꽃뱀이 껍질을 벗고 지나가고
종달이 소리가 공중에 날려

아지랑이 연기 피우고
봄 향기 욱욱히 짙은 날

바람이 일시 멈추었을 때
나물바구니 들고
보리밭 둑길을 지나

본 듯도 않고 지나던
처녀의 초롱한 눈을 잊을 수 없다

지금 어디서
이름 모를 사람과
둔덕진 산길을 가고

혹시 내 생각을 하나

돌아오는 산비탈에 핀
주황색 원추리꽃에 가슴을 묻고
얼굴 붉힌다.

먼 하늘에서
뜻 모를 소리가
들리는 듯 하다.

가을 들판을 보며

가을 들판이
아슴한 세월 속에 녹아
숨죽여 있다

모두 떠나간 토담집에
텅빈 들녘이
깊는 잠에 빠졌는데

먼 들판에선
한 줄기 연기가
시간의 매듭을
힘없이 태우고 있다

피아노

　몸이 아주 커서 울림이 큰 게 아니라 음이 맛있고 큰 시간을 타고 노는 배라서 그 계단을 오르며 숨이 차는 것도 없다 밤마다 북극과 심해까지 달리던 여행자의 수첩에 아직 적히지 않은 감정의 둘레에서 떠돌아도 보았지 네 마음도 나는 쉽게 가져올 수 있다 시간의 비늘을 벗기어 사랑이라고 질투하고 내던지던 것들이 오늘은 꽃꿈 뭉치들이었다 가시가 돋히던 자리에 별들의 껍질이 구겨져 붙어 있었다 맛있는 햄버거, 고운 색깔로 관객들의 구미를 돋군다 선불된 택배를 타고 와서는 방안을 휘젓고 이내 큰 말이 되어 등에 태우고 열대를 지나 극지방으로 가서 흰곰을 만난다

생각 I

 이보다 더 큰 바다가 없다 아끼고 예뻐하다가도 싫어지고 미워하기도 잘하며 폭포로 흘러가는 물길이다 밤새우며 쉬지 않고 칼을 갈면 그 날은 더 부드러워진다 연을 날리듯 허공을 둘레둘레 바라보며 호주머니에 든 것을 하나씩 던지면 손해를 못 느끼고 자비가 새끼를 친다 자꾸 굴리면서 골목도 지나고 공원도 지나며 노란 민들레도 보고 질경이도 보고 잠자리도 보면서 유년을 지나며 풍년으로 날아가며 다른 색깔의 그림을 그리기도 한다 때로는 무거운 바위 굴리듯 앞으로 나가기 힘들지만 느려도 옮기고 보면 그 위에 탑도 쌓고 포장도로도 만드니 굴려볼만 하다 굴리면서 어디로 굴릴지를 자꾸 갸웃거리면 지금까지 한 것들이 망가지기도 하지만 엉뚱한 곳으로 가려다가도 예상 밖으로 더 빛나는 새 터도 만들 수 있다 잠깐씩 걸음 걷듯 하다보면 조금 미끄러지기는 해도 돌이키기 어려울 때는 오지 않는다 바람의 옷을 입고 붙잡고 손으로 가지고 놀지 않으면 금새 날아가 버리는 새다 그 얼굴이 늘 달라도 손에 넣고 인형이듯 얼러볼 일이다

자리를 깔며

내가 낳다가 죽을 듯 어려워도 낳아서 키운다고 이를 옥 물고 쌀 뒤주가 바닥 나서 풀거리로 배를 채워도 백짓장 얼굴에도 해가 떴지 하늘이 찢어지고 땅이 갈라지며 천둥치듯 휘몰아치는 한나절 나무뿌리가 뽑히며 동물의 기본 본능이듯 짚 한 단을 깔고 누워 하늘에 손 모으고 아픔인 듯 기쁨인 듯 그런 말 다 잊어버리고 나서야 꿈속처럼 다독이던 피 묻은 쥐만한 피덩이 하나 나와 숨을 쉬었지 이빨이 뻗어서 뻐근해도 새로 낳은 아기와 같이 된다는 생각만으로 오물거려도 잘 넘어갔지 천정이 찢어지게 울어도 모처럼 손 내미는 그 작은 손을 내두르는 걸 안고 있으면 애잔함에 가슴 녹았지 내 것을 주면 울음도 멈추고 해긋해긋 웃는 걸 보면서 참으로 뜨거운 마음으로 속 깊이 품으며 자꾸 쓰다듬지 날미역국 한 그릇에 흰쌀밥만이라도 황제의 생일상을 바람으로 날리지 무너진 성들이 다시 수축되고 네 다리가 하나씩 줄어지고 짐승을 벗어나기 시작하고 등을 두드리며 꽃으로 피어남을 보며 세월을 당겨 날아오르는 나비를 상상하지

옥상

　사랑을 할 줄 몰라 가슴만 울렁거리고 헤어질 줄을 몰라 눈물만 바가지로 흘렸네 뒷짐 지고 관절염 무릎을 겨우 세우며 올라보니 허울의 옷 널던 빨래줄과 몇 번인가 가득 담아보려던 장독들이 한참 때 나처럼 눈 딱 감고 엎어져 있었다 곱던 것들을 좋아하던 아지매가 기르는 늙은 베고니아가 허리 굽히고 누린 냄새를 피우네 이리저리로 난 길들엔 자기를 팔아서 남을 사려는 장사도 지나가고 값싼 폐지를 주워 유모차에 싣고 가는 노인도 보인다 세상 것 다 보려고 안테나들이 줄줄이 집집으로 기어들어 갔네 밤 새워 달려다닌 개인택시 운전사네집은 한낮에도 에어컨 팡팡 켜고 잠이 덜 깼나 물이 줄줄 흐르네 이곳에 오면 할 것이 여기까지 뿐 더는 안된다는 걸 안다 여기오면 누구한테 욕먹을 일도 뺨 맞을 일도 없고 안 되는 일 있으면 혼자 울어도 된다 그리고 내 사랑이 얇았음을 알고 혼자 겸면쩍어지기도 한다 어디로든 다시 날아갈 수 있는 힘이 생기고 내 마지막 길도 아련히 보이기도 한다

새들이 보고 싶다

　새는 날고 싶은 꿈속 언어를 뺀 내 모양이다　땅에 묶여 날지 못하는 의지를 날개에 달고 번쩍번쩍 나는 걸 보면 나도 그런 날 있을까 모른다　탱자나무 울타리 밑에서 무얼 먹는가　한 떼의 참새가 지껄이며 펄쩍펄쩍 뛰는 모습이 기뻐 뛰는 애기의 주춤거림 같았다　한참 놀다 누가 뭐랬는가 똑같이 푸드득 날아 방향을 틀어 하늘 이곳저곳으로 날아가던 새들은 먹을 것을 찾아가나 잠잘 곳을 찾아갔을까　한 번은 산에 썩은 나무 등치라고 보았는데 자세히 보니 눈이 깜박거려서 보니 부엉이었다　그 부엉이가 낮에는 보이지 않아 잠을 자고 밤에 하늘을 찌르며 활보하며 징키스칸의 눈을 부라리며 사냥하는 상상도 해보았다　초가지붕 처마를 제치고 침새를 잡던 유년의 어떤 때는 손을 넣었다가 구렁이를 물컹 집히던 때도 있었지　봄이면 전령사 같이 해마다 오던 제비 두 마리가 함께 마루 위 벽에다 진흙과 티끌을 물고 와서 낭떠러지에 붙일 자리도 없는 곳에다 사람의 집 짓는 목수보다 집을 단단하게 지어 알 낳고 새끼를 키우고 여름내 가정을 꾸리고 살다가 가을에 빨래줄에 앉아 살다온 애기 한동안 하고 인사하고 떠나곤 했지　잡아 끌어안아 말은 안해봤지만 언어들을 이해는 못해도 그들의 짓들은 보석보다도 귀하여 그 새들이 보고 싶다　헤아릴 수 없이 간지럽히듯 예쁨과 귀염 주던 새들이 시끄런 소리 속에 그들이 오지 못하니 눈속으로 파고들듯한 새들이 보고 싶다

빨래집게

목에 굳은 철사를 구부려 행위의 틀을 만들어 남들이 고집이라 할지 모르지만 한 번 물면 놓지 않고 산다 입으로 더러운 것은 절대 물지 않는다 적어놓지 않았지만 형식적인 일은 하지 않는다 만난 고기를 먹듯 그리 재미있는 것은 아니지만 하루를 물고 있어도 지루하지 않는 것은 하던 일을 하면서 웃지 않아도 내가 물고 있는 옷들이 아래로 척 늘어져 늙지 않는 포즈를 만드는 재미가 있어서다 이것저것 물어보면 싹트던 불안도 혼자라고 들끓던 우울도 모두 날아간다 갖가지 냄새도 나지만 그 냄새를 묻히며 산 사람들의 땀을 생각하며 어느 때는 노래도 나온다 빈 하늘을 물고 있으면 바람에 날리는 나비도 된다 저녁이면 별을 보며 바람에 끌려 춤도 추고 흔들거린다 공중의 꽃으로 선 줄 아는 나는 교만인가

등대 II

　빨강 옷을 입어서 배가 불러 보인다　한 장의 바다를 들어 올리며 하루 종일 글을 쓴다　그리고 마음 가득한 톤으로 노래를 부르며 바다를 색칠하고 바다로 철 없이 덤비는 이들에게 먹음직스럽게 요리도 해준다　고루하게 나는 하얀 지팡이나 돌뿌리를 보여주는 것이 아니라 그들 마음속에 간지럼을 피우고 불을 피워 따뜻하게 한다　핏자국 나는 길을 깨끗이 씻고 흘린 자들을 따라가서 몇 장의 붕대로 싸매준다　나를 자주 봐라　내 눈꺼풀에서 나오는 부드런 손길이 얼마나 엄마젖 같은지 알꺼다 불쑥거리는 동요도 가라앉히며 그들에게 자유와 평화의 새끼를 더 치도록 둥지를 만들어준다　돛 달고 달리는 이에게 돛폭을 잡아주고 통통거리며 달리는 이들에게 그들이 작정했던 갖고 싶었던 사탕을 쥐어준다　한낮에는 저 붉은 해로 말미암아 녹여 바다에 섞어 참으로 맛난 세상을 만든다　음악과 풍경과 맛과 하늘 닿게 떴다 가라앉히는 움직이는 동상이다

낙조

저렇게 찬란한 몰락이 있나 음악이 다 깨지고 아는 이들이 고개 숙여 하늘에 붉게 곱게 깔고 아듀를 외친다 그는 죽은 게 아니라 다시 올 것이라고 피 흘리는 약속을 하고 떠나는 사라짐이다 아픔도 없이 외로움도 없이 장쾌하게 달려온 그 길을 지평선 넘을 때는 더 빨리 달려서 다른 새 길을 열 것이다 사람들아 큰 것 같은 일도 돌아서 보면 다 부서지고 마는 것, 금이면 무엇하고 큰 모자 썼던 자라도 무소유의 쾌감을 갖지 못 한다 호주머니 다 떼내고 따지던 돋보기도 이제 버리자 육신이 아팠어도 외로웠어도 떠날 때는 모두가 버려지는 것들이다 부끄럽던 옷 다 벗고 알몸으로 바람 같이 날아가고 마는 것 늘 아프던 한날의 기억은 잊어버리자 죽는 자는 제 살못을 백번 질하고 간지스강의 한 줄기 연기같이 떠나자

어스름

비둘기들이 물오리나무 위로 모여들었다 한낮에 우울하고 힘없이 콩밭에 구겨넣은 걱정들을 대변으로 싸고는 이불을 끌어올리고 잔다 털빛이 찢어진 종이처럼 바래가는 건 좋아 한다는 구애를 거절 받고서다 호사했던 털빛이 망가진 것은 바람에 부딪고 새들의 조소를 받고 나서다 장끼가 미끄러지듯 나르는 벌판을 그리기도 한다 붉은 눈으로 세상을 더듬던 전과 7범들도 조용히 웃으며 오늘 궁리한 것들로는 법령에도 없는 죄라며 큰집에 안 갈꺼라 몇 번이나 확인해보며 저녁의 무덤에 들겠지 세상이 이렇게 묻히고 어떻게 무너질지 몰라 언제나 성당의 마루판에 엎드리지만 거칠더라도 조금씩 사랑에 손 내미는 선택을 한다 히루가 친년 깊은 강을 건너오시만 미끄러지고 넘어지면서도 또 다른 사생화를 꿈꾼다 지나면서 멈추지 않던 천사의 몸짓을 판에 못 박고 싶은 또 하루의 종착지 부근이 가깝다

사구沙丘

　가만 두면 언덕도 바람에 무너져 평지가 되고 길들도 지워져 평지가 되었지　바람은 이곳을 지나야 발작이 일어난다　그가 지나서 생긴 나이테 같은 주름살 위로 작은 벌레들의 육상경기장이 되고 좀 큰 것들까지 오면서 다투어 사느라 집이 생기고, 두리번거리고 도망가고 장난질로 쫓으며 살며, 법인 듯 문서도 없으면서 그들은 서로 몸집이 커지고 당당해졌겠지　작은 둔덕에 해당화가 등대이듯 사방을 비추어 보이지 않지만 삼거리도 되고, 사거리도 되어 지도가 그려져 있겠지　누구도 오지 않는 달밤에는 불켠 고라니 토끼 노루들도 그들이 만들었던 마당 안에서 뛰어다니며 밤을 즐겼겠지　갈매기도 바닷가에 다리를 고추세우고 모래 판에서 뛰고 기는 것들을 보며 고향을 바꾸었으면 하기도 할까　작은 것들이 지난거라면 한줌의 모래도 바람에 지워져 새 그림을 그리는 도화지 고요와, 적막이 새끼 치는 바람의 언덕 우리도 울타리 다 걷고 길도 없애고 가로막는 법도 하나 없는 백지땅에서 그리고 지우는 붓같이 살아봤으면 싶다

호수 옆에서

  내 집은 바람이 달려오는 언덕 위 파란 물가이다 그득한 눈물이듯 출렁이는 물이랑을 타고 노는 물오리들이 그들의 국어로 보이지 않는 느낌의 대화를 나누는지 떼 지어 간다 그들의 목에 난 털의 윤기를 보면 빈부격차가 없다 바람이 물비늘을 일으켜 내 오두막을 떠밀어 길을 찾다가 어디로 노를 저어 가야 할지 갈 바를 모른다 어둠이 주변을 덮으면 눈감은 호수에 별들이 떨어져 보석전시장이고, 사냥 가던 부엉이 눈이 실명된다 달뜨는 밤이면 호수는 호사스런 피륙이 되어 금새 소리가 날 듯한 음표들이 공중으로 피어오른다 새벽은 금 같은 작은 눈물들이 퉁퉁 부은 눈에 가득 고인 간지스장가의 잃은 사람들이 떼 지어 웅성거린다 조금씩 우울이 걷히면 여기저기 놀샘에서 샘솟는 단물이 펑펑 나와 젖샘으로 가득해진다

빨랫줄을 보며

    물이 뚝뚝 떨어지는 방황과 혼란한 분신들 언제 물이 붙은 이 험난한 길에서 벗어날지 짐작 못하고 참담한 불에 데어 달라붙은 껍데기가 극형 같은 망탄스런 모습이다 얼만큼 해가 달려간 후 널린 빨래들을 보면 각종 새가 되어 하늘을 난다 그 새들은 각자의 삶을 그리고 때로는 터무니없는 거짓 모습으로 있다가 총 맞고 쓰러지는 모습이 하늘로 올랐다 내렸다 하며, 팬티 속에 든 것들도 비쳐 보일 때가 있다 자비한 구름조각들이 얇게 덮이면 그들은 살냄새가 나고 무언가 낯선 글씨의 산문을 쓴다 옷 임자들은 지금 벗어놓은 그들의 허울들을 벗어놓고 다른 모양으로 골목길을 싸돌고 있겠지 돌아와서는 약해졌던 맥박의 힘을 다소 충전시키고 비틀어지고 낯설어지는 자신을 찾아가겠지 물 한 동이 이고 이들의 옷을 입고 살면 삶이 더욱 철철 넘치고 박자 꺾이는 소리가 힘있게 나겠지

노크

 수다를 떨기 전에 이런 법 앞에서 숙연히 숨겼던 의도를 고백하라 피부 여기저기에 돋던 돌기를 가두어 두려던 문을 이제는 열어라 그러면 네 장독대 위로 나르던 잠자리가 네 머리 위를 겁 없이 앉아서 졸겠지 가슴이 두근거리지만 좀처음을 지나면 평온한 말로 몽고를 달리겠지 다는 안 될까 모르지만 좀 그토록 원하던 독립투사들도 이런 것은 자유라 할 것 같다 조금씩 손톱이 부드럽게 자라고 신들도 헛된 기도 받느라 신경이 덜 써질라, 아픈 사람들이 넘지 못하던 빨간 글씨로 써 놓은 벽의 글씨를 읽고서 그토록 원하던 저들의 통증을 일으키던 병세도 눕힐 수 있음을 알고, 그들의 이부자리를 잘 정리하겠지 저녁마다 얼굴을 정갈히 씻고 그들이 아는 신에게 등이 짖도록 삼사기도를 하겠다 당신 손에 든 망치를 이제 내려놓고 조용히 살라

검은 새벽

밤들이 몰고 온 큰 기차가 바다에 빠지는 시간 밤이 돌리던 손잡이도 헐거워서 삐걱거리며 그 얼굴도 조용한 음악에 빛나고 있었다 파도는 더욱 들썩거리며 떼 지어 큰 소리로 몰려들며 큰 소리로 웃고 있다 이제는 가두었던 것들을 다 풀어 자유로이 헤엄치게 해야 한다 독립선언을 주장하지 않아도 자유를 만들어 그들 품에 안겨줘야 한다 아침마다 대헌장을 선언했지만 소용돌이치는 시시각각 현란한 유혹 앞에서 무너진 모래성이었지 그럴 수 없지만 오늘은 혁명가 없이 개선문을 열고 나팔을 불어야 하는데 그 막힌 시간이 무너지는 소리가 우지직 들리기 시작한다 징기스칸의 말발굽소리가 울려 나고 있다

눈사람

 혹시 누가 올까 문 열어두고 사람을 맞고 싶어하는 것 같다 미웠던 얼굴이라도 맞고 싶은 마음도 있는 것 같다 마중 받고 싶은 사람도 없는데 누구를 배웅하는 자세로도 문득 내 앞에 섰다 누구를 웃기려 하지도 웃으려 하지도 않습니다 뭣하러 여기 왔는지 모릅니다 아침해도 저녁 해도 상관 없이 무표정합니다 무표정이 진실한 마음의 얼굴인가 그러나 입을 열면 집이 무너지고 하늘의 별이 쏟아질 것 같 같다 섣불리 휘파람이라도 불면 그 입에서 불이라도 나올까 하늘로 쏘아올린 해를 보며, 조용히 가방 없이도 갈 곳을 가기도 할 것 같은 헐거운 사생활이 보입니다 자작나무 숲이 고향이거나 툰드라 지방에 돌아가야 한다는 지도가 그 수첩에 있는 듯 내 몸의 온도도 서늘해 가는 적응 속의 안개를 피웁니다

내 그림

　오던 길에서 큰 바위가 자주 없었다면 지금까지 그림을 그리지 못했고, 그리면서 흘리던 눈물이 차가웠지만 견디며 여기까지 왔습니다 손 잡다가 떨어진 돌은 떨어져야 기뻤기에 눈물은 차라리 부드러웠습니다 목을 길게 늘이고 볼 것은 지금의 순간이 지루하지만 먹물이 다해서 글씨를 더 쓸 수 없을 때입니다 조율되지 않은 기타라도 치며 부서진 음표를 맞춥니다 나를 자꾸 그려봅니다 바닷속에 오래 잠겼다 보지 못하던 물에 불은 얼굴입니다 가까운 것은 잘 안보이고 먼 것이 잘 보이고 가까운 것은 잘 들리나 먼 소리는 잘 안들리는 이상한 방정식으로 운영되는 구멍가게입니다 아래로 내려갈수록 그릇된 접촉도 없었는데 가려움이 심하고 잠결에는 더하고 국부는 아주 심합니다 뱃살이 가벼워지기를 원하나 희망사항이지만 여기저기를 둘러보면 웃음이 조금이나마 솟아서 다행입니다 조금씩 부서져도 평화의 종소리가 울립니다

돌아오면서

　오늘 잘못 살았나 까닭 없이 헤매다 온 것 같다 실루엣이 만들어지지 않는 그림자 없는 행위의 조각도 짚히지 않는다 후회할 때는 물러설 곳이 없다 사막에서 바람이라도 맞았으면 귀라도 얼얼할 텐데 어쩌다 이런 날이 오면 괜히 살고 있나 싶다 살 때는 필사적으로 살고 있다고 생각했는데 말이다 음악에 감기지 않고 살면 나중에 눈썹만 휑하다 다음 페이지는 무엇을 쓸까 생각해도 촛불이 켜지지 않고, 나도 모르게 다친 상처가 치료가 안 된다 견뎌야 하기에 밤 속에 묻혀 내 남루를 벗어보려 하지만 눈물까지는 아니라도 호사스럽지 않아서 그런가, 사치스런 내 상체가 바람에 흔들린다 오늘의 장면들 속에서 또 미루며 내일에 가질 것들이 오늘의 후렴 같더라도 까닭없이 흘러나올 귀속의 바스럭거림도 음악이 될 것을 기대하며 밤속에 모든 것이 묻혀질까

장미 울타리 I

　마음이 하늘에 오르지 못할 때, 발끝만 차오르기 힘들 때, 불길에 쌓인 성이 머리에서부터 등을 타고 무너져 내렸다 몸이 눈부터 보이지 않지만 큰 소리가 묶음 되어 귀만 세게 울렸다 벌겋게 묻어나는 어딘가 깊은 곳에서 뿜어 나오는 뜨거운 피같은 아린 아픔, 이런 땐 누구를 소낙비처럼 사랑하고, 별빛처럼 눈이 패이게 피다가, 좋을 사랑을 대빗자루라도 들고 크게 써 보고 싶다　가다 보면 꽃잎이 시들고 향기마저 가난해져 남루한 차림이 되더라도 장미울타리를 넘으면 대관식을 갓 치른 황제 같이 금빛으로 온 몸을 휘감을 거 같다　아직도 큰 북을 치며 축제를 돌아온 울림이 쩌렁쩌렁 울린다　한 번 피었다 바로 피진 못해도 꽃잎 모두 떨어졌다가 다시 피어 울타리가 될 그 사랑을 뜨거운 마음 태우며 기다리겠다

알프스

　초입부터 넓은 초원에 소들이 이방인의 출현에 호기심이 가슴에 차는가 언덕을 느리게 휘돌아 가면 말이 들리는 듯한 줄기 풀줄기를 든 자 앞으로 코를 대보고, 저들끼리 놀던 말들로 부르지 않아도 와서 고개를 끄덕이며 부벼대며 반갑게 맞는다 열린 정자에 웃음이 가득 핀 얼굴들, 인사가 끝나고 손풍금을 치자 벌판 가득 별처럼 꿈틀거리는 음표를 가득 쏟아냈다 풀들이 대궁을 올려 하늘과 언덕에 들리지 않지만, 음악에 취하여 고개와 허리까지 흔들면서 고함을 지르듯 춤을 추고 있었다 발걸음이 풀밭에 찍혀 돌아서지 않아 자꾸만 뒤돌아 봐야 앞길이 터지네 이런 데서 살면 수염이 한 발이나 되고 눈빛이 하늘까지 닿도록 걸어도 지치지 않고 몇 년을 살아도 고플 깃이 없을 것 같나 엉혼이 백지장으로 초원을 날을 것 같다

잃어버린 박자

춤추는 이들은 실에 꿰인 인형놀이 꾼이다 춤을 출 때는 연처럼 잘도 건드럭거렸다 돌아올 때는 어디로 가서 무엇에 꿰어져야 할지 몰라 골목을 헤매이다 사이렌 소리를 듣고서야 집을 찾는다 그렇다 아무 열매도 맺지 못하고 정원사의 전지가위에 여기저기 깎이어 다듬어지고 몸의 여기저기에 꿰었다가 끊어진 실오라기만 나풀거린다 비가 온다던 날에 비가 안 오고 안 온다던 날에 소나기가 억수로 와서 홍수가 나기도 하지 꿰어진 구름들이 그들의 음악을 집어던진 거 아닌가 그들은 언어를 잊고 먹던 수프도 흘리며 개글거리는데 이는 그들과의 약속이 가위로 잘라졌기 때문이지 너무 울창하게 살았어 믿었던 것들이 못 믿었던 것의 보자기에 싸여 여기저기로 불쑥거리는 거야 이제는 돌이와 찾자

허기

　살면서 수염을 바로하고 사는 게 기본인데 땅이 갈라지고 하늘이 좁아진 듯 눈이 어지러운 때가 있습니다 갑자기 손이 공휴일이고 아는 사람도 반갑다는 악수도 잊었습니다 시비도 없이 싸울 것 같이 보이는 밤에 지나가는 바람을 잘못하면 그들의 가방을 뺏을 뻔 했습니다 질병도 두렵지 않고 싶으나 사실 이보다는 작은 증상입니다 소매치기를 당하고 다 잊어버리고 사기당한 기분입니다 비눗방울처럼 공중에 떠올라 사라지는 예쁜 그림과 바람에 날리는 각종 향기가 보석 같습니다 이런 훼손을 당하면 너무 무겁고 발짝이 띄어지지 않습니다 아프리카 미개지의 개울물도 사카린 넣은 물보다 먹을 만하겠지요 조금 짧게 살아도 이런 날은 산 것이 아닙니다 지옥노 이렇지 않으면 갈만하지요

얼마냐

　세상은 가격의 바다 인생은 거센 풍랑을 맞으면서라도 가격을 올리는데 신발이 닳는다 쫓기면서 달려 다니고, 힘이 부치게 역기를 들어 올리고, 커피로 산을 넘고, 수염이 깎이면서도 찬밥을 먹고, 기침이 나도 어느 봄날의 포즈를 그려가며 구겨진 웃음을 펴가며, 호주머니에 든 캬라멜을 만지작거리며, 살아간다 젊음이 닳아가고, 짊어진 것들로 발짝이 안 떼어져도, 거짓말까지 갈아타도 속이 아리지 않도록 눌러가며 줄넘기를 한다 나를 보던 거울은 장속엔가 모를 곳에 유폐 당하고, 하얀 버즘 낀 얼굴을 손으로 더듬어 본다 유행이 춤추며 지나가도 돈이 세어지지 않는 손가락에 쥐가 나서, 전신에 퍼져 있다 띄우던 연이 떨어져가던 길을 부러뜨리고 싶으나, 혹시라는 줄디기가 있는지, 그 문을 또 찾는다 호수의 밑바닥에는 고요하고 평안한 고기가 논다 어느 때는 나보고 값이 나간다고 하는 이들이 있으나, 산을 넘어 보면 촉도 안 났다 이제는 어디로 가고 있는지 모르지만 그 길을 다듬어 내 짊어진 무게들이 익어지도록 하는 거다 내 것이 얼마나 나가냐고 묻지 않고 그냥 가다 마칠 거다

묵도

　강가를 가보면 강물도 뭐라고 촐싹거리며 하늘에 올리는 기도가 있다　안개 자욱한 새벽 백사장에는 자라 참게 어떤 벌레들도 그 몸을 끌고 자욱을 내며 올리는 기도가 그려져 있다　속으로 하는 기도는 하늘에 닿지 않을거라 생각하며 기도하지 못한 기도도 질러내듯 마음으로 패이게 하면 소망의 꽃이 내 발 앞에 강물 철석거리며 온다　기도로 만나지 못하는 사람도 돌아올 수 없는 강을 건너간 사람도 마음 부비듯 문지르면 기도가 하늘에 닿는다　백사장을 헤매고 싸돌아다니면 별이 쏟아져 묻힌 조용하고 정감 있는 언어가 들린다　죽도록 기도하고, 쉬지 말고 기도하면, 그것보다 더 힘찬 노래는 없다　늑대가 집에 들어와 코를 골고, 달빛이 하늘에서 뜀박질이 끝나도 내 숨결의 끝을 향하여, 짐승 같은 눈을 두리번거리며 창문을 열면 곱고 순한 소리로 언덕을 세차게 오르듯 뭐라고 자꾸 기도하고 싶다

지금

　골목길에 불이 환하게 켜지고, 피돌기가 빠르게 울렁거리며 돌며 밥을 한 사발 앞에 놓은 기분이다 산의 새소리가 더 크게 들리고, 밀폐되었던 문들이 다 열리고, 기쁨이 더욱 커질 것 같습니다 하늘의 별들도 가슴에 와르르 떨어진, 황제의 궁전 뜨락을 들어가는 기분입니다 발길은 내일의 무지개 위를 밟고, 날갯죽지 밑에서 푸드득 돋아나고, 살결이 제리처럼 보드럽습니다 400미터 달리기에서 결승을 맨 먼저로 들어오는 자입니다 옆구리에서 작은 팔들이 돋아서, 여러 개 나와 공중을 붕 떠서 떠다닙니다 호주머니에는 추억도 없고, 다가올 날에 필 항목이 머릿속에 가득합니다 산이 높은 줄 모르고, 바다가 깊은 줄 모릅니다 무거운 바위도 노톱니나 오직 꿀맛 사탕만 빨고 있습니다

진통제

　한참을 달리다 보면 어디로 가야할지 모르게 길을 잃을 때, 나침판을 보면 찾던 길이 보인다 사방으로 기울어지던 지경이 평온해지고, 갈 마음이 더욱 외치듯 닥쳐 온다 돌 가운데 막혔다가 다시 솟아나오기도한다 그리움의 병도 암각되었다가, 다시 기억에서 떠오르고, 브레지어 아래로 느끼던 짐승의 육감도, 도덕율 없이 여러 방향으로 날뛴다 조금은 자제해주는 맞바람이 필요하다 나비라도 한 마리 쥐고, 날개에서 부스러져 날리는 고운 색깔의 가루라도 덜 느끼며 자제해야 한다 입속에 폭탄을 터뜨리던 맛도 이제는 줄여야 한다 심장의 울림도 대동맥에 손으로 눌러, 조용한 스텝이 되도록 기침을 내어서라도 다독여야 한다 그런 것들이 비릇되어 지핀 마음신상도 여과의 구멍들이 열리고, 하수종말처리장이 열려 단내가 난다 하늘이 너무 파랗다 지나치게 높게 생각하지 말고, 차라리 눈을 조금 줄여 뜨고 보면, 늦게 새끼치고 올라오는 초기의 하늘이 보인다

윷놀이

　모든 기력을 모두어 두 손으로 들었다 던지며, 넘어질 듯 잦혀질 듯 큰 바램이 신앙이 된다 새 날에 어떤 새가 날아올까도 물어보면 큰 것은 더디 왔다 작은 것은 부르면 안 올 때도 있어서 하찮게 볼 게 아닌 네 가락의 묘한 장난 남을 잡고 달리기를 잘 해야 하고 잡기까지 잘 해야하는데, 걸리는 발짝을 세며 기도를 한다 잘 벌기보다 남을 못 살게 해야 이기는 연극 출발선에서 똑같이 달려서 누가 빨리 갔나를 따지는 경기가 좋은데 상대가 엎드려져 죽으면 이기기 쉽다 내 편에게도 잘못하면 이마를 한 대 맞고 잘해서 상대를 죽이면 상대도 싫어한다 이래서 누구는 산속에 처박히고 섬에 갇힌다 춤추는 놀이를 하고 싶다 다같이 이기는 놀이다 하늘로 오르고 올라가는 풍선 경기, 놀아도 그렇게 날 때도 저렇게 날 때도 있으니, 손뼉 쳐주며 좋아해주는 마음은 본래 없었다 내가 잘 했다고 너무 좋아 말자 상대가 잘했다고 배 아픈 놀이로 유전자를 바꾸었으면 세상은 웃음판, 신날 판 기쁨판 아닐까 윷을 던지며 조마조마 하지말고, 큰 꿈도 꾸지 말고 싶다

인연

　시골에 일흔 일곱의 할배가 살았는데, 백구라는 흰털 개를 키웠다 할배는 백구가 17세라 개의 평균 수명을 더 살고 있어 갑자기 병이 나서 죽을까 봐, 할배도 쉽게 먹을 없는 계란도 사료에 넣어주고 다른 맛난 것도 넣어 잘 먹여 길렀다 날마다 목욕도 시켰고, 밭에 갈 때도 데리고 가는데, 백구가 일하다 목 탄다고 물도 먹여주고, 일하다 할매 혼자 일하게 두고, 산책시킨다고 데리고 운동시키고 할매는, 할배가 자기한테는 백구한테만도 못한다면서, 경운기도 같이 안타고 혼자 갔다 그런데 밭에 갈 때 할매가 백구랑 안 탄다고 할 때, 개가 눈치를 보았다 할배가 장에 가서 할매가 사달라는 5천원짜리 신은 사주지 않으면서, 백구가 늙어 살두 빠졌다고, 4만원짜리 뱀장어를 사가지고 와서 잘 고아, 개에게 주니, 할매가 사람이 먹어야지 개한테 주냐고 하니까, 개가 안 먹더니 할매가 멸치가루를 주니 그때서야 먹기 시작했다 할배가 백구한테 잘하는 이유는, 네 남매가 가르치기 취직 출가 등 어려울 때, 백구가 들어오고 나서 다 잘 되어서, 온갖 정성을 다 해서 기른다네 우연이지만 손이 뜨겁게 잡혀 잘 만났다고 되갚음 받으면 좋은 인연 사이인가

얼굴 II

　뭔가를 집중하여 포대를 산비탈에 설치하고, 무전기를 통해서 들리는 소리와 포대경으로 정찰을 하고, 두 개의 토굴에서 뱀이 나올 것 같은 굴에서, 연신 연기없는 불기운이 나왔다 하고 싶은 생각에 따라서, 두꺼운 대문이 삐쭉거리고 오무렸다 두 개의 긴 장대가 거칠든가, 약해짐에 따라 흔들거리고, 약간은 긴장도 하고, 거머 쥐었다 편다 땅속에서 용광로가 쩔쩔 끓어 살았다는 신호가 박자를 치며 달리는 듯 하다 사령탑은 온기도 있지만 칼을 들고 지붕을 건너지르며 강도질을 하고 싶기도 한다 여인의 옷도 벗기고 싶고 부끄런 치부도 걷어부치고 싶다 평소에 잔잔한 호수 같지만 불이 나면 잘 꺼지지 않는다 소리는 지르지만 들리지 않으니 등피가 울렁거린다 바다에 얼굴을 파묻고 해저를 헤엄치고, 군데군데 조물락거리며, 더듬지만 잡히는게 없기도 하다 금보다 더 더 값이 나가는 고운 보석이 몸 여기저기 달고 다닌다 비탈을 내려오며 바람을 손으로 잡고, 새들의 웃음보를 어깨에 지고 들썩들썩 춤추며 간다

가을이면

　설레이다 지루하여 언덕에 오르면 집이 보이고, 들어가면 문이 닫혀 열려지지 않을 것 같다 유배되어 한동안 갇혀 황제의 사면령이 있어도, 풀려나기 어려울 것 같다 살갗에 소름이 돋아 두꺼운 옷이 필요할 것 같다 나무들이 무성한 숲에 이르면 그들도 비우고 갈거라고 지껄이는데, 나는 비우고 몸을 가볍게 줄여지지 않음은 왜일까 그들은 칠하고 싶은 대로 곱게 칠해서, 이별도 죽음도 고운 음악으로 받쳐들어 진혼의 기쁨이 고이는가 이제 내 공터도 좁아지니 아궁이에 앉아 푸닥거리는 자작나무를 태우며, 그 향을 진하게 몸에 발라보고 싶다 돌아보면 나도 내 속에 잊진 나무에 감같이 곱게 익은 열매도 있을까 내가 갇혀도 세상은 그렇게 잘 돌아가겠지 무 구멍이에 묻혀 고운 싹이 나도록 새벽마다 기도로 간구해야 겠다 어떤 것 때문에 이루지 못했다고 핑게대지 않겠다

화장을 지우고 숲에 간다

    목청으로 쓰기 위해 숲이 불러들인 햇살은 관계의 간극이 광합성 중이다 숲은 나무의 날숨으로 공기층을 짜 넣은 세계의 부엌 그 입구에 누가 날숨으로 누가 사지 희멀건 식탁과 의자를 들여 놓았나 그건 흡사 영혼의 등받이인 것도 같고, 촉수 깨진 표정을 문신한 나이의 은신처인 것도 같다 민달팽이가 떡갈나무 잎에 물컹한 키를 누이고 칙칙 등을 불린다 미이라는 접두어를 감추고 굼뱅이 소음의 정거장 이름 같은 온순한 자세로 그 모습을 벙싯 웃는다 소리 안 내고 웃을 때의 입꼬리가 가장 정직한 내면을 담당하는지도 몰라 지루한 변명이 변명이기만 할 때 불행의 두께가 생기는 기분 어디까지 얼굴이라고 보아야 하나 시간의 용도 변이를 수선할 때, 제발 함께 있어줘 올바른 미련이란 가장 깊어졌을 때 최후의 행선지로 삼는 일일지도 몰라 아무 것도 웃을 수 없을 때 잡목들의 입김으로 차리는 나비 식탁이나 요긴한 정적 가득한 부엌의 화장을 지우고 싶다

제7부

고향별곡

유년의 오수

왜 홀로 앉았는지도 모르는데 길 가운데 앉아서 끈끈한 눈물을 훔치지도 못하고 울고 있었다 그래 자고 일어났을 때 아무도 없었고 배고픈지도 몰랐지만 짜증스러워 헤매다 길가까지 나오도록 아무도 없어 억울했던가 호랑이 아배, 무뚝뚝한 어매는 그 눈치 보며 사느라 말도 잊고 살아서, 나한테 올 것은 괜히 운다고 볼기짝이나 맞고 혼날 일 뿐인데, 나는 나 혼자 애기인 것을 깨달았다가, 이웃 외벽 기둥의 튀어나온 부분이 뱀처럼 보여, 무서워 울음은 잦아들고, 집 앞 측백나무가 바람에 흔들리는 모습이 어깨를 걸고 춤추는 것 같아, 가서 만지고 싶으면서 울음이 그쳤지 얼마 있다가 어매는 장에 갔다, 땀을 흘리며 왔지 뭔가 먹을 거라도 주려나 보니 흙종이에 싸서 늘어 붙은 엿이있다 엿을 먹고 종이도 먹으며, 맛이 좋고, 어매가 왜 그리 좋은지 몰랐지 집에 가서도 또 뭔가 또 주고, 자기도 안 먹으며, 자식이라도 자꾸 주는 게 뭐라 말도 할 수 없이 고마우면서, 어매 말만 잘 들어야 한다고 주먹만 꼭 쥐었다

수레바퀴 자국

시간의 수레를 밀고
거꾸로 올라가 보면
묵향으로 짙은
저녁이 있었다

아이들 키
욱욱 오르던 보릿골 사이
불을 켠 여우들이
설치던 초저녁

애들을 불러들이러 외치던
무성한 풀섶에 가려
정적만 흘렀다

건너 마을
딸이 없어지고
징치고 냄비 두드리고 찾았지

동네 느티나무 위로 까마귀
울고 간 저녁마다
애기들이 애장이 되었다

정자나무

와불 같은
옥천산 앞
삼태기 가장자리

할배가 길 닦으려 갔다가
캐다 심었다는 느티나무가
정자나무 됐네

계절이 열릴 때면
알에서 갓 태어난
아기 참새 같은 잎을 쳐들고
하늘이 퍼렇도록 소리를 질렀지

단오에 그네 줄 매고
애기 처녀들 치마폭 날리며
하늘 차고 오르고

더운 낮에는 아낙들이 모시 삼고
손자 손녀 어르고
자잘한 일들로 재깔거렸지

밤이면 사내들이 모여
농사얘기 사람 사는 얘기

흉도 보고 다투며 시끌시끌했지

동네 애들이 모여 땅 파고 공기하고
어깨에 올라 소리치며
키 크고 가슴 넓어지고
마음으로 하늘 오르던 나무

동네 경사 있으면
풍물을 치고 퍼마신 술
취할 새 없이
어깨 들썩었시

겨울엔 적막 하늘
잘못된 연 매달려
대롱거리며 시간 세던 곳

항상 얘기가
수북히 쌓이던 곳

정월 열나흘 날엔
무우 종지 기름 불 켜
당산의 할머니 손도 들고 있던
신의 강림 지역

슬플 땐 애상에 젖고
기쁠 땐 희락에 젖던
정자나무

유년에 걸린 연
아직도 기억 저 켠에서
대롱대고 있다

살강 위의 바꿈살이

소나무 껍질 벗겨
네 귀에 세우고

대나무나 싸리나무를 나란히
가는 새끼로 엮어 깐 살강

천정은 늘 문명의 까만 때가
덕지덕지 절어 있었다.

나뭇재로 만든
유약의 기운이
퍼렇게 감도는 주발과

아직 잔돌이 붙어있는 뚝배기
이리저리 긁힌 보시기 서너 개

종지와 그 옆에
깨소금 단지

뚜껑도 없는 간장병
쩔어 붙은 기름병

나무젓가락과 놋수저 몇 벌

문도 없는 방에

찌든 형제처럼 맨발로
말을 잊고 앉아 있었지.

들녘에서 갓 돌아온
아담과 하와는
검은 얼굴, 멧돼지 눈에
멜라닌 색소의 얼굴

각질로 갈라진 손발
흙이 묻은 채
바가지로 물 떠다 놓고

풋고추 고추장에 찍어먹던
터전의 움집 바꿈살이

부뚜막, 그 성전을 그리며

들기름을 윤기있게 바른
가마솥 뚜껑은 상투처럼 보여
높은 지위인 듯 싶었다.

통통한 솥전은
힘센 장사의 패기

까만 아궁이 이마
한 채의 집을 짊어진 장사

제사를 느리는 날
하루 세 번 정갈한 물로
입쌀을 씻어

차분히 들어앉히고
조용히 불을 지폈지.

힘을 쓸 때 마다
장사는 큰 울음을 울었다.

지축이 울리도록 가슴을 치고
땅을 치며 울었다.

그를 진정시키고
제물의 온전한 숙성을 위하여
그의 머리를 몇 번이고 때려
온화한 헌물로 숙이게 했지.

봉헌의 조용한 불 앞에서
결국은 속죄하고 잠잠했지

밥걸이에 걸린 휴식

여가 있는 공간에
새끼줄 세 가닥으로
공중을 잡고

긴 나무로 원을 둘러놓고
가는 칡넝쿨로 얽어

세 가닥을 한 선으로 모아서
밥걸이란 이름으로 공중에 달았지

성전의 놀이개처럼
시간을 세는 초침처럼
신의 맥박에 따라 대롱거렸지

생명의 힘은 없지만
여가 있는 흔들림으로
여유로운 정물 한 장면.

다음 끼에 먹으려던
구운 생선도 있었고

삶은 보리도 있고
먹던 꽁보리밥도

삼베 보자기에 덮여있었지

흔드는 바람을 일으켜
변하지 않고
쥐도 새도 오지 못하게 했지.

가난 같은 숭숭 뚫린 구멍의
바람이 만든 끼니창고..

장마중

참먹으로 갈아 칠한
허공은 검은 고체로 굳고
별은 마음 깊이까지
들어와 박혀
몸이 담석으로 묶였다.

쪽진 어매와
삭발의 아들은
아비가 아침에 장사차 나가
돌아오는 길목으로
푹푹 빠지는 어둠을 보며

흐릿한 길이
유리병속의 석유 불로
흔들리는 몸을
이리 저리 내둘리며

집이 모여진
마을을 지나
밤을 지키는 개들이
허공에 대고 괜한
푸념으로 컹컹댔다

개똥벌레는 길가
풀잎에 앉아

어떤 상념에 빠졌는지
은빛 궁둥이를 씰룩거리면서
반짝이는 호흡 따라
뜻 모를 언어를 하늘에
쏟아 붓는다

이 길은 어디까지
가야 하는 것인가

아배가 오는 길은
더욱 멀고
어둠은 하늘까지 차오르는데

번데기에서 나오던 나방

초등학교 들어가는 날
바보 같다고 성질 급하신 아버지한테
얼굴을 얻어맞아 코피가 나서
아랫동네 가는 논 가운데 샘에서
누나가 씻어주어 쭈그러진
운동모자 쓰고 입학하러 갔지.

벨벳 치마 입은 여드름이 팥 멍석 같은
서 여선생님의 입속에서는
계란 구르는 소리가 났었지

어매가 밭에 가면
이웃 아줌마가
빈 단지 속에 넣어도
가만히 있도록
바보이던가 순했던가

아버지한테 되게 혼이 나서
지금도 자다가 그 꿈을 꾸면
벌떡벌떡 놀라지만
그 어매도 남편 성질에
독이 배었지.

나도 그 사이에서
두꺼비처럼 살면서
계집애한테도 얻어맞고 쫓겨다녔지만

대학에 들어가서 하숙을 하고
하고 싶은 것 다 해보고
물컵으로 막걸리를 마셔도
저녁마다 토하면서
주량이 늘기 시작하여
나도 놀랄 우주를 만들었지.

이제는 흘러가는 구름도 잡을 듯
우주 속에서 여행을 하다가도
미아가 되지 않을 자신도 가졌지

어느날 어매가 친
누에고치 하나가
방구석에서 타다닥
날개 치는 것을 보고

그 힘이 내게로 들어왔다는 것을
거짓인 줄 알면서 진짜로 알고
닮으려 몸부림치며
지금껏 살고 있다.

보리밭

풋풋한 보리골
소리가 정적으로 흐르던 곳

밭둑에 삘기가 하얗게 세고
달래의 여문 씨앗이 보석처럼 반짝였다

꽃뱀이 껍질을 벗고 지나가고
종달이 소리가 공중에 날려

아지랑이 연기 피우고
봄 향기 욱욱히 짙은 날

바람이 일시 멈추었을 때
나물바구니 들고
보리밭 둑길을 지나

본 듯도 않고 지나던
처녀의 초롱한 눈을 잊을 수 없다

지금 어디서
이름 모를 사람과
둔덕진 산길을 가며

혹시 내 생각을 하나
돌아오는 산비탈에 핀
주황색 원추리꽃에 가슴을 묻고
얼굴 붉힌다.

먼 하늘에서
뜻 모를 소리가
들리는 듯 하다.

서낭댕이(성황당)

동네 서쪽으로 가다 보면
산밑 개울 옆에 샘이 있고
목 마르면 한 모금
엎드려 마시고

논두렁 밑으로
게가 구멍 앞에
흙을 파놓아 있으면
아침에 풀을 뜯어 막았다가
저녁때 빼면 숨이 막히는지
구멍 앞에 나와 있어 잡았지

계단 논을 지나서
개울 옆 산속에서 나오는 샘
봄이면 뱀들이 구물구물 거렸지

그 곳을 지나면 저녁에는
자연원시림 속에서 소리가
울쩍울쩍 주악으로 울려왔다

어쩌다 멧비둘기가
어둠 속에 무섭지도 않은가
쑥쑥 쑥쑥국 우는게

환상의 오페라 한 곡의
넘어가는 마디였다

아침에 소를 끌어다
풀을 뜯으라 매놓고
저녁 때 가보면
소도 얼마나 무서운지
방울도 흔들지 않고
사람 소리가 나서야
방울을 흔들었지

밭머리에 가면
산에 다람쥐가 겁도 없이
느릿느릿 기어가고

그 계곡에는 억새속에서
돌만 몇 개 들어도
꼬리 안에 알을 가득 실은
가재도 많았고

논벌 위로 가로질러 건너가면
머리가 쭈뼛쭈뼛거리며
조금 올라 가면

얕은 고개가 나오는데
그들 오른쪽으로 성황당이 있어
그들 안쪽 뜸을
서낭댕이라고 했지

꿈 꾸며 보는 듯
하늘과 산과 풀과 나무와
온갖 나비 벌레 짐승들
묶임이 없는 곳

어깨를 쫙 펴고
껍질 안 벗은 자유를
보고 느끼던
작은 분지가 있었지

등잔불 옆에서

들녘을 헤적이다가
안방에 들면

내 삶이 멈추어 누울
자리 쯤 되는 거기

땀과 숨소리가 얼킨
검불속에서

호두를 까고
욕망의 지도를 그리던 자리

한 아름 바위보다 무거운
한숨도 녹이고

평등한 마음되도록
불꽃을 후리며
밀려드는 어둠을
밤새워 녹였지

지금은 그 살갗에
검은 곰팡이가
추억의 포자로 피고 있다

헐무덤이

큰 도로를 가려면
십 리를 가야 하는
피난 고지 같은 고향

남으로 학교를 가려면
한 동네를 지나
논벌을 지나
오른쪽 길 옆에 상여집이 있어
뭐라도 나올 듯 무서웠고

겨울을 지나 봄까지
황토흙이 신에 늘어붙던
얕으막한 고개가 헐무덤이다

고개를 넘으며 우편으로
공동묘지가 있어
바가지 엎은 듯
묘가 바글바글 거렸다

그 곳에서 죽은 귀신이 나올까
머리가 쭈뼛거리는데
한 번은 그렇게 지나는데
풍뎅인가 윙하더니

이마를 탁 쳐서
달아나 얼마나 놀랬는지

공동묘지

은박지에 기름 부은 듯
달빛을 흘러 넘치고
풀벌레 소리 뒤엉켜 있다

묘지 앞에 가면
살아나는 사람들 눈동자
하얀 이슬로 내리는가

달빛 스미고
잔디는 버는데
이런 날 골안개는
어디로 갔는가

크던 소망의 손
하얀 얼굴
외침도 없이
산 자는 누구냐
무엇이 살아 있다는 건가

청년이던 어느 날
술 많이 마시고 오다가
공동묘지 가운데 올라가서
"죽은 사람들 산 사람에게

할 말 있으면 해봐요"
라고 하고 소리쳤다
죽은 자는 많아도 말이 없었다

오래 무서웠던 것을 젊어서
이겨보려고 했는데
이겼는지 모른다

똑같이 앉아서
바람으로
향기로워지고 있었다

누이 I

한참 입 속에 넣고 깨물려다
입에서 도로 꺼내서
손으로 툭툭 치고 줬지

아주 예쁘게는 아니라도
하복 깃을 풀 먹여 다리면서
동생을 예뻐했지

비 오는 날 털털해서
바지가랭이에 흙이 많이 묻었다며
흘겼지만 손은 부드러웠지

한참을 살다가
뜨거운 눈 속에서
화산이 터졌지

잡으려도 잡히지 않던
그가 건너던 시내

날 궂은 날
웃방 문설주에 기대어
속으로 흥얼거리며 눈물 흘리며
어린 아픔을 타령하며

고통을 짓이기느라 애썼지

그 잔고기들까지도 아깝지 않게
늘 쏟아주더니

나중에 줄 것을 다 주었나
일찍 가데요
이복누이 보고 싶다

원두막 전설

산고개를 넘어야 가는
종중땅 임대한 밭이 있었다

초봄부터 참외씨를 심어
뒷것으로 거름 만들어 모종 길러
넝쿨이 늘어나고
한두 개씩 참외가 익기 시작하면
참외제를 지냈다

밀개떡 몇 쪽 놓고
올해 참외 농사 잘 짓게 해달라고
위 높은 분께 빌었다

참으로 고개를 팍 숙이고
눈물이 나올 만큼 가슴을 조이며
쥐어짜는 애원이었다

그 후에 원두막을 짓고
아들이 원두막 지기로 살았다

어쩌다 자다 밭으로 떨어져서
자다보니 껄끄러워 보니
참외 넝쿨이 버석거려

다시 올라와 자기도 했지

원두막 지붕 위로
큰 대나무에 철사를 늘여
광석 라디오 안테나 세워놓고
밤이 깊도록 듣다가
라디오도 끄지 못하고 잤지

낮에는 동무들이 와서
개울에 가서 멱 감다가
빨래한디고 돌멩이로 두드려
메리야쓰에 구멍이 나서 혼나기도 했고

비가 많이 와서 물이 깊을 때
조금만 들어가도 미끄러져 키를 넘어
허부적거리며 죽을 뻔도 여러번

배가 고파도
금쪽 같은
참외 하나 못 따먹고

어매와 둘이
광주리에 이고 다니며

이십 리 길 낯선 동네 팔러다니며
돈이 없는 집에서는 보리쌀도 받았지

저녁 때면 소를 끌고
풀을 뜯기다 저녁 먹고
고개 넘어 원두막으로 자러갔지

큰 분지 가운데 지금도 무서운데
산고개에 해골이 보이던
고려장도 있었는데

어찌 지냈나 곧이 안들린다
자유가 그 벽을 막았다고 생각한다

한밤의 음악 편지

여름밤 11시가 되면
'빰빠바바 바바-바바' 하고
표제 음악이 들리면서
'한 밤의 음악편지'가 나왔다

동네에 한 대 밖에 없던 라디오
이장댁 안방의 벽 위쪽에
구멍을 뚫고 윗방에
그걸 들으려고 모인 동민들

그 당시 '신문고'라는 연속극이
애간장을 태웠지

가난한 아들들이 돈을 벌어보겠다고
월남 전선에 가느라
부산항에서 떠날 때

아쉽게 눈물나는 군악대 연주소리로
남녀 연인들이 헤어지며
이별을 하고 돌아서며

배에 묶였던 색종이 다발이
배가 떠나면서

끊어지는 아픔을
음악편지 속에 보내던
마음을 애잔하게 낭독하던
아나운서의 목소리가 들렸지

월남에 잘 갔는지
밤마다 보고 싶은 마음
음악속에 섞여 흐르면
신기루 같은 구름이 떴지

그 편지를 듣는 사람마다
사랑의 뒷동산에서
별을 보며 떠올리기도 했지

닿을 수 없고 만날 수 없는
먼나라 꿈에서는
깊은 바다 속까지
얼마나 허우적대며 잤을까

피터지며 쓰러지던 젊음
다른 소리는 쓰지 못하고
그런 소리를 들리지 않기를
바라는 금단의 문장들도 있었지

어느 날 현충원 박물관에 가보니
애태우며 띄우고 받던 사연들과 선물이
눈물 범벅이었을 전사자의 유품들이
많이많이 전시되어 있었다

팽이 치기

온 동네 머슴애들이
큰집 마당에 다 모여서
팽이치기를 했다

누구 팽이는 꼬장꼬장하면서
잘 돌아가는데
누구 팽이는 팽이채로
마구 치는데도 중심이 안 잡히어
뒤뚱거리다가 쓰러졌다

헌 삽자루 서꾸로 놓고
낫으로 깎아 만들던 팽이

동무마다 다르던 솜씨
얼굴 다르듯이 달랐지

꽁지에 구슬을 박아서 잘 돌게 했고
팽이 얼굴에 색을 칠해도
잘 하는 동무가 있었다

그것도 기술이라고
잘 안 일러주었다

나중에 살아가는 것도
서로 달라 갔지

저 좋다는 대로
잘 돌아가는 팽이처럼
잘 살았지

제가 제일 좋게 산다는 걸
저만 알고 살았지

개똥 찾기

네 박자의 밴드마춰
하늘에 쩌렁거리며
만국기가 춤추던 날

운동회 열리던 날
고개를 넘어
공동묘지의 묘지 사이로
있는 듯 없는 듯
가리마 같은 흐릿한 길을 따라

혼자 구경 왔지만
감도 땅콩 밤 먹으며
하루 놀다 끝나고
집에 올 때
공동묘지 오다가 길을 잃었다

이리저리 다니다가
떠오른 생각
묘 옆에 있던 개똥 생각

길보다 그걸 찾느라
전공동묘지를 헤메이던 기억

진 땀이 나도록 헤메이다
아닌 것 같은 곳에서
찾았던 개똥
거기서부터 길이 생겼다

마음에 두지 않은
구석진 곳으로 다니며
살아온 길

앞으로도 오던 길
잘 찾을 수 있게
진한 표를 해놓아야지

그네 타기

자운영 밭에
비단 구렁이 또아리 틀고
바람이 뭉틀뭉틀
꼬리지어 부는 날

몽울몽울 부풀은 가슴
가슴에 꽃을 단 것보다 예쁜
초동 아가씨들

이집 저집 다불러
정자에 다 보여
몸을 날리며
세상을 띄워보라고

엄한 아비들이 벌려놓은
문고리 따고 열어 제쳐 놓은
너른 하늘을 날았다

이렇게 몇 번을 타면 입술도
가슴 부비는 짓도
울렁거리지 않을 수 있다

그 날은 세차게 굴르고

그네 줄을 양 옆으로
쫙 펴야만 된다

가슴 속에 너른 하늘
파도 담은 바다
다 넣을 수 있다 생각하는
넉넉한 세상 타기다

바깥으로 나가는
큰 대문이다

장날

아베는 달걀을
신짚으로 고이 싸고
중이 적삼 가지런히 입고

어매는 열무를 다듬어
다발지어 싸리 광주리에 담아
아주까리 기름을 윤기있게 바르고
풀기 센 모시 치마 저고리 입고

남편하고는 내외한다고
혼자 상에 갔다.

길 옆에는 됫박으로
곡식을 사고 파는
그을은 얼굴의 여인들이
자루를 앞에 놓고
살(팔) 것 있으면 사고 가라고
가는 발길을 잡아당겼다.

시장에 들어가면
여기저기서 싸게 판다며
물건을 사라는 소리
엉겨 붙은 채 들렸다

티밥은 여전히 펑펑 튀고
고무신 가게에선 호사스런 것보다
코빼기 고무신이 잘 팔렸다

김이 무럭무럭 나는
국밥 가마솥
목판에 두어 그릇 받쳐들고 나르던
그 수염이 드문드문 나고 깡 마른
할아버지는 지금 살아있을까

흔히 소전이나 쌀 가게 앞에서
언제인가 모르는 사이에
소매치기를 당하거나

난장 노름에 돈을 다 잃고
요기도 못하고
다 털려 떨리는 마음으로
가슴 쥐어뜯던 이도 있었지.

괭키와 호미와 쇠스랑을
버려서 들고 오는
성황당 고갯마루

고목나무에 치성 드리고 남은
명태 대가리가
허기진 배를 쥐고 선 가슴에
현기를 일으켰지.

막걸리 몇 사발에 취해
풀섶에 쓰러져서는
밤이 깊은 줄 모르기도 했지

어매는 먼저 달려온 딸에게
싸구려 전에서 사온 머리빗을 주고
놀기에 팔려 못 온 아들에게는
엿을 주었다.

흙종이에 늘어붙은 엿을 받아
입에서 신나게 녹여 먹었지

주머니에 든 시장

길가에 수건 쓴 할머니들이
까만 때가 묻은 됫박을 들고
곡식을 팔고 있었다

선지국 가마솥에선
냄새도 풍기며 끓고

무명저고리 동백 기름 머리에
솔가루를 한 동 인 아지메는
기름이 흐르듯 장에 왔다.

장작을 지고 가던 청년은
넘어질지 위태한 무게를
내려 놓는다.

닭과 돼지와 염소는
소전 옆에서
이유도 모르고 웅크리고 있다.

새우젓 몇 사발에
고무신 한 켤래
괭키 한 자루

소를 팔고 난 주인과
돼지머리 고기 한 점으로
입을 쓱 문지르며
지는 해 속에
빠져나가는 중간잡이

터덜 터덜 소방울 소리내며
산모퉁이 들길을 돌아
취기가 빠지면
또 한 잔하며
자랑스레 집에 왔지.

다음 장까지 마음이 조용했지

겨울밤

하늘이 낮아지고
호롱불 흐릿해서
창호지 눈빛이 흐린 날

장독 돌 틈에 몇 날
눈 맞은 상수리 갖다
화롯불에 구워 알살이 톡톡
돌기가 생기도록
노릇노릇 익혀 먹고

찐 고구마 몇 개 먹다
어둠이 고개를 넘으면
어디 가다가 지나갈지도 모르는
꼬리 긴 늑대나 여우가
불 키고 지났다는 소문 떠돌아
머리칼을 바싹 세웠지

간간히 바람이 불면
닭장 속 닭들도 꼭-꼭 꼬옥
몸을 바짝 기대고 잤지

부엉이 사냥이 시작되면
문풍지가 요란히 떨고

무명짓 이불 속에 6남매
이불을 서로 당기다가

잠결에 어두워 귀먹은 자식만
새우처럼 꾸부리고 잤지

꽃 다람쥐

작은 키에
한쪽 다리가 짧았나
자춤자춤 걷던 서모할머니

할배는 꽤 높은
금새 고개 넘어
외딴 산지기를 내보내고

기생과 신접살림을 차리고
가야금 타고 장구 장단을 타면서
줄타기하듯 하루 한 동이씩 술을 미셨단다

산에서 흘러나오던
개암 도토리
알밤을 끼드득 깨물 듯 살았다

댓돌을 오르는 좌우 돌 틈에
선혈 같은 봉숭아 꽃
돌무더기에 심어 피던 주황색 서광꽃
자잘하던 채송화 백일홍
여물어 터지던 씨알처럼 살았다

그 음달 집에 찾아가면

벽장 구석에다 모아놓은
밤을 구워주던 꽃다람쥐

잔치집에 갔다 오면
큰 손자 준다고
손수건에 담배와 먹을 것 싸다 주었지

씨도 못뿌린 서모 기생 할머니

명절 때 여러 동네 심파 하고 나서
특별출연으로 노래하고 춤추며
박수를 받던 스타였는데
아배는 남사스럽다고
뒷짐지고 궁시렁거렸다

꽃 다람쥐 같고
춥고 쓸쓸할 때면
빤짝이는 무늬 박힌
우단 목도리를
정 많은 모습으로 웃고
조금은 센 듯한 음성

그 사랑이 바람결에

아련히 들리는 듯하여
고개를 기울이면 머리가 뜨겁다

꽃 다람쥐가 갈 때를 알았는지
갑자기 오시더니
"나 셋째네 집에서 죽어야 겠네"
하시고 턱이 떨어지고
눈에 시가 깔리더니

깊은 잠이나 든 것처럼
고개를 쳐들지 못하고
깊은 취중인 듯 열락에 빠져
떠난단 말도 못하고 떠났지

부여를 지나며

부여를 지나면
토장국 냄새가 풍긴다

멜라닌 색소 짙은
이방인을 만난다.

소정방 이후
왕족은 다 어디 가고

하얀 귀 옆으로
웃자란 후예들이

하얀 면사포 자락 끌며
꽃 피는 오월에도
꽃이 화끈하여
눈을 뜨지 못한다.

참새가 떼 지어 알을 품던
역사의 둥지 마을에

고운 옷 입고
장고 소리 흉내 내면서
강을 오르내렸지

이제는 녹슬어서 가지 않는
시계를 보고 있을 뿐
웃다가 경련이 인다.

새로운 것을 들고
새로운 화장을 하지만

옛 여인의 모습이
살아나지 않는

무덤 속 벽화에
골진 초가지붕 위로

귀면鬼面의 웃는
모습이 어른거린다

동화속 절름거리던 사슴

참나무가지 사립문에 설핏설핏
먼 나라에서 온 편지가 꽂혔다.

여물솥의 김이 식어지고
허공을 짖던 마루 밑 개도

코 골기가 한창인 때
호박꼭지를 찬 아이는
똥이 마려웠다.

한참을 뒤적이나가 못 참아
누나와 닭장 앞을 지나다가
밤똥 누지 않게 해달라고 빌었지.

절 받던 닭들도
'고고곡' 하고 웃음을 터뜨렸다

장독 위에 모아 둔 상수리가
이 밤 더 얼어빠지겠다.

허공엔 까만 눈이
어둠을 묻으려 퍼붓고
불을 켠 여우들이

닭장을 서성이면
놀랜 닭들이
'꼬꼬댁 꼭꼭' 소리에
아이는 무서워
잠이 들지 못했다.

방은 점점 냉기가 돌아
동백기름 내 나는
엄마 뒤에 바싹 붙었다

한동안 잠이 오지 않다가
부엉이와 또 무슨 새
불을 켠 무슨
짐승소리들이 합쳐
무서움이 가위로 눌리다
잠이 들곤 했지

지금도 그런 밤이면
먼 날의 기억들이 불을 켜고
어린 사슴 되어 발을 절며
집에 찾아오는가 싶어
밖을 자꾸 내다본다.

발저림

계단을 올라갈 때
이따금 체중에 눌려
힘이 들 때마다

7살 때 동네 가운데서
형들이 제기도 차고
한쪽에서는 쇳덩이를
돌로 탕탕 두드리던 모습을 보다가

친구의 형이 집에 가자고 해서
얼마 안 지났는데 꽝하고
땅이 꺼지는 소리가 들려
소리 난 쪽으로 가보니

형들이 두드리던 것은
포탄이라 터져
형들이 동강이 나서
공중에 튀어 올랐다가

배창자가 보이고
다리 한 쪽이 없고
피가 줄줄 나서

어른들이 이불로 싸들고
어쩔 바를 모르던 모습

그 형들이 더 걸어야 했던 길을
70여 년 더 걸어서
어쩌다 벗어나서
걷는데 염치없다

그를 생각하면서
미안해서 생기는 저림인가

병원에 가서 피를 많이 흘려서
물걸레도 빨아 먹었다는
사촌형 생각에 안개가 서린다

호박떡 찌기

어둠 속 부엌에서
호박떡 시루를 올리고
불을 땔 때는
머리와 소복으로
정갈하게 차리고
저승길이 보이듯이
아니 그 길을 가는 듯
마음을 모아
참깻댕이를 조심히 밀어 넣는다

혹시 시루뻔이 터져
김이 새지 않나
아픈 바깥양반을 낫게 해달라고
마음의 소원을 빌 때는
눈길 하나 팔지 않았는데

누가 소변 보고 들어오면
정성이 흩어져
모든 게 허사라고
혼이 천둥을 가르며
검은 구름을 일으켰다

아궁이에 불길이 연기 없이

솥에 가녀린 듯 후리며
곱게 일어날 형통을 보다가
김이 마지막을 알리며
세차게 나면
시루는 한 덩이 배 같이
녹아 물이 된다

작은 풀밭 걷는 소리가 나면
어메는 모든 것이 형통됨을 알며
기도의 손을 내리고
마음에는 지녁때
잘 익던 노을이 뜬다

식구들을 안방에 다 모으고
시루를 엎어놓고
아베부터 한 그릇씩 넘치게 주고

떡이 잘 안 익었어도
치성을 드렸으니
천지신명은 아실 거라 믿고
모두 팔자라고 치고
각자에게 기도하기를 바랐지

뒤곁

앞 마당만 보고 살다
뒤란에 가다 보면
돌을 쌓아 놓은 사이로
돋나물이 허리를 휘고
아래로 춤사위를 편다

어쩌다 비라도 오면
비를 맞고 두꺼비도
나도 살았다고
세상 모르고
앞마당으로 나온다

장독대에 가보면
저녁 때마다 달맞이꽃
고속으로 피듯 부스스 연속 피어
어둔 밤 신화속에 불이 되고

장독 사이로 들어온 구렁이가
간장독 속을 헤엄치고
때로는 바닥의 자갈에
허물을 벗기도 하고

아이가 장독 사이에

상수리를 주워다 놓으면
눈 맞고 얼은 걸 구워 먹으면
떫지 않다고 한 움큼을 모여 놓지

늦가을 탱자가 노랗게 익고
탱자잎이 떨어져 색이 고우면
참새들이 그 밑에 와서
탱자향을 즐기는지 오페라 연주했다

밤이 깊으면 참새도 가지
소리는 안 나지만
무엇인가 움트는 소리

간장 익듯 여러 가지가
밤의 가지에 걸쳐서
성숙되어 간다

빨라야 신나나

비탈진 묘 잔디에서
비료푸대 깔고
미끄럼 타기

얼마 못 타고
또 올라가서 타면
재미가 덜 했다

썰매 타기 하려면
낮으막한 논에 벼포기가
넘을 만큼 물을 대어 얼넌

방학동안 아침부터
얼음이 녹아 꺼져
발도 빠지도록

바지와 양말이
진흙 묻어 날이
추운지 모르고
뚝에 불을 피워
쪼이다가 옷도 태우고

썰매 위에 솔가루를

뭉쳐 불을 피워
연기 날리며
혼날만하게 되어도
달리기를 했지

누구 썰매는 굵은 철사
가난하면 가는 철사 썰매
유리창 밑에 깔린
아주 좋은 철근
아주 빨리 달려 좋았지

그러다 쪼그리고 타는 것보다
서서 타는 걸 생각하다
철사를 대고 만든 스케이트

서서 빨리 달려 좋았지만
긁히지 않고
세게 미끄러지는
칼날 스케이트를 보면
부자가 아니면 어려워

갖고 싶은 것
못 갖는 아픔

빠르게 가기 위해
모든 것 주고
꿈을 가졌던 것
지금도 있지

시골집

섶타리 사립문 닫고
등잔불 둘러싼 가족들이
울타리와 사립문에
눈 내리는 소리를 듣는다

초가지붕 처마 속을 드나들며
분주하던 참새들도
달콤한 입맛 다실
꿀 같은 어둠을 보며
여러 갈래의 웃음을 웃는다

홰에 오른 닭들이
신이 나서 발을 구르는 소리로
탕탕 울린다

마당에서 정신없이 달리던
한 가족 쥐들의 꼬리가
정적이 부서지는 가루를
얼굴로 받기라도 하듯
박수를 치며 내달린다

안방의 사람들은
등잔불 탁탁 튀는 불꽃 보며

노름하러간 아배가
돈을 딸 것을 예감하며
심장이 더 높이 뛰는 것을
손으로 가만히 보듬는다

하나 둘 잠이 들면
시간이 줄을 타고
빛들도 졸린가
창호지가 어둑하네

나의 아기 옆에서
― 친손녀 연우옆에서

네 옆에 앉으면
원시 숲속에 든
머릿속처럼
아무 것도 없는
백짓장이 떠오른다.

태양이 온 마음으로
손 벌려 안아주고
반기는 너는
아기 천사

사랑이든 미움이든
선하게 받는
천사의 참 모습

내 밭의 두렁을 뚫고
넘어온 새벽
향기로운 진주의
영롱함이다.

무엇이든 다 주고 싶다.
구름이 끼고 비가 와도
나를 이렇게 끝까지

좋아해 줄 사람이
여지껏 없었지

나를 크고 위대한
아버지라 불러 줄
예쁜 아가야

넌 나의 진골
황제 같은 공주로구나

옛집을 보며

고향에 갔다.

좀 넓은 공간일 때는
마당에서 타작하고
집 앞의 샘물을 긷고
북적거리던 삶의 마당

일 년 동안 신수 좋으라고
읽어대던 안택경 소리

대를 잡고
징 치며 주문 외던
뒷집의 늙은 무당
덕근이 할머니도 돌아갔다.

아홉 명의 애기
울음소리가 난 산실産室
소를 먹이고, 토끼를 기르고

어른 생신 때 동네 사람들
마당 가득 모셔서 아침 대접하고
그 마당에서 결혼도 올렸었는데

지금은 기가 빠진 채
뒤꼍에 엄나무만
하늘로 솟아올랐다.

그은 담과 썩은 기둥이
힘이 없어 기우는 집
그림보다 또렷하고

알큰한 애처로움만
가슴에 메인다

돌아 본 고향

뒤뚱대며 걷던
쪽다리 건너 살던 늙은 할매

눈가에 곱낀 손자 안고 버둥거리며
어깨를 기어올라 애쓰고

힘센 장정들이
하늘의 별 섞인 물을
남실남실 흘리며 긷던 샘물은
쫓겨난 여인들의 마른 눈물로
얼굴에 말라가고 있있다.

동구 밖 사태 난 비탈엔
일상 사람들의 무게로
무너질 듯 미끄러졌다.

개옷나무가 얼굴
붉히고 섰던 가을

골진 초가집이
기억을 내려 앉히고 있었다.

만리장성보다 깊고 높은 부성애 단편소설

대추방망이 같던 몸에
좁은 미간
날카로운 눈매
화가 나면 눈살이
매섭게 바르르 떨렸다

뻗어오르려다 약간 주저앉은 코
예민하고 조금은
욕심이 많지 않았던 인상
늘 횟배를 앓으시는 표정이었다.

소시에 삼형제중 셋째로 태어나서
제법 잘 사는 집안이라
분가할 때 세 칸방이나 되는
좋은 집을 받았다.

작은 것을 잘못하면
큰 일도 못한다고

주인이 일을 못하면
머슴도 시켜 먹지 못한다고

없는 사람 봐 주어야

복 받는다고

하다가 안 되는 일이면
되는 일부터 다시 하고

잣대로 잰 듯이 일해야 하고
삐투러지게 하면
나오는 게 적다고 했지

누구에게나 이런 잣대를 대다가
흘김을 받았지만

그들도 살면서
가는 길을 가늠쇠 삼아
바로 잡으며 살아 갔지

장날이면 한지를 중간도매해서
아침에 가게에 물건을 배부하다
하루 종일 장 구경하고
맛있는 것 사서 먹고
새우젓, 괄키, 새로 나온 석유곤로 등
손 트는 데 좋은
둥둥 북 치며 파는 베로나도 사오고

술도 몇 잔 하고
동네 장꾼 어물장사 명섭이 아버지,
고무신 장사 오쟁이 아버지와 올 때면

저녁을 먹고 어머니와
등불을 켜 들고 장마중을 갔다.

한참을 가다가 사람이 오는 듯
인기척이 들리는 듯 싶으면
"아버지 오시는데 없어요"
어떤 때는 밀씀하시던 애기소리에 묻혀
대답할 수 있어도 대답이 없었는데
어떤 때는
"여기 간다"
라고 대답도 주셔서 반가웠다.

아무리 가며 아무리 불러도
안오시는 것 같으면
사고없이 별 일 없이 살았지만
불안한 마음이 들었다

눈 오는 날에는
새끼줄을 신발 가운데에 묶어

미끄럽지 않게 하고
칠흑 같은 밤을
예정없이 마중을 갔다.

5일 중에
부여장 은산장 정산장은
창호지가 주로 소비되었고

대천 웅천은 바닷가라
굿이 많아 소지종이가 많이 팔려
다녀올 때마다
금같이 귀하고 비싼
생갈치 생조기를 사와
뼈까지 물렁거리라고
흰콩을 넣고 끓이면
맛에 간이 녹았다.

그래서 우리는 남들이
끼니꺼리가 없어
별의별 죽이나 그것도 못해
자운영 열매 훑어다 먹기
무릇 캐고 쑥 뜯어다가
넣고 고거나

소나무가지 거친 껍질만
벗기고 넣어 먹든가
마른 논에 강아지
뿌리 삶아서 먹든가

콩나물 죽 씨래기 죽
보리쌀 갈아
쑥 뜯어다 쪄 먹든가

전에 쌀이 떨어져
거의 익은 보리목 따다가
메꾸리에 넣고 찧어
보리죽을 쑤어 먹었고

초가을에 벼 익기 전에
풋벼 베어 훑어
찌경이 쌀 먹기도 하고

겨울이면 쌀을 아낀다고
무를 넣어 밥할 때
솥 바닥에 넣고 하여
무밥과 무 대신
콩나물을 넣기도 하고

고구마밥도 먹고 살았지만
우리는 현금이 있는 집으로
우리는 그렇게 먹거나 굶지 않고
그렇게 어렵게 살지는 않았지

한 장도막 먹을 쌀을 팔아와도
되박으로가 아니라
한 말 쌀을 팔아다 먹은
마을에서 몇 째 안가는
부자로 살게 한 분이 아버지다.

밭농사는 높은 산 너머에 있어
지게로 거름내고 익은
곡식 다발 지면
산을 지고 오듯 힘겨웠을 것이고

보리짐을 지면
보리의 꾹꾹 찌르는 꺼럭이
끈끈한 땀 위에서
얼마나 따가웠는지

젊었을 때는
눈을 자주 깜박거리시며

소리도 잘 치셨다.

바다에 큰 배가 지나가듯
그 큰 물길이 쫙 갈라섰지.

콩을 심을 때 줄이 안 맞게 심는 일꾼은
그날 일을 그만두게 하고 집에 보냈다든가

가을 배추 심어놓은 것을
닭이 뜯어먹게 지키지 못했다고
어머니와 쫓겨나서
완두콩 넝쿨 우거진 곳에서
숨어서 모기에 뜯기던 생각

초등학교 5학년때
실과시간에 작업을 하느라
가지고 갔던 삽을 잃어버렸다고
쫓겨나서 가마니 등
창고 같던 안 쓰던 방에서
혼자 자는데 찾도록
땅이 꺼지게 걱정하던
어머니가 나를 찾아서
울던 기억.

호두나무가 아직 덜 익어
푸른 껍질이 떨어지지 않아서
돌로 찧다가 노타이에 튀어서
얼룩이 지었다고 혼이 나고

머슴을 두었는데
지게꼬리라고 짐을 지고
동이는 줄이 끊어지면
다시 꽈서 매야지

이어서 옹돌매가 지어
짐을 부리면 지게꼬리가
빠지지 않는다고
게으르고 미련한 머슴이라고
연초에 안 둔다고 내보내셨던
단호하신 아버지

보리타작 때가 되면
보리를 벨 때
한 주먹 베어서
거꾸로 들고 흔들어
구겨진 보리 줄기가 하나도 없이
머리를 빗은 듯이

베어 묶어야 했다.

탈곡기로 들어가면
아무렇게나 베어서
넣으면 보리알은
지장없이 탈곡이 되어
타작이 되는 데도
단정히 베어야 했다.

한 달에 용돈
얼마라는 섯이 없었으니까
어머니한테 눈치껏 타서 썼지만

고등학교 때는 군것질 하느라
참고서 산다고 부풀려 타서
용돈을 쓰려다가
배워야 쓸 데 없다고
책꽂이의 책을 다 태운다고
가마니에 담는 것을
머슴이 애걸하여
만류하여 중지하셨다.

큰 집에 삭망 때나

소기 때나 제삿날이면
김과 조기와 고기 두 근
명절 때는 쇠고기 두 근
돼지 고기 두 근은
반드시 사다 주었고

제사 때는 열한 시쯤
밀림 같던 어둠을 뚫고
등불을 들고 큰집을 향했다.

한참 왕성한 활동을 할 시기에는
어디서 빛 고운 아낙이라도 보았나
광천과 대천장을 자주 다녔기에
눈이 맞았다는 소문이 있었지만
드러나지 않은 것을 보면
센 바람기는 없었던 것 같다.

교육대학 다닐 때
한 달에 쌀 엿 말 내고
하숙시키면서 가르쳐
선생 만들어 살게 하고

장가 가고

일년 한 집에 같이 살면서
가풍을 배우니

큰 아들인 나보고
"너도 이제 객지에
나가서 살아보아라"
라고 하셔서 나왔지

큰 아들이 교대를 나와서
첫 발령이 나서
근무하게 되자
논 한 섬지기 짓는 것보다
월급이 많다고
완고하시고 겸연쩍어
자랑을 하지 않던 분의 자랑

우리 사랑방은
집이 없는 가난한 이들에게
접방살이라고 하여
무료로 빌려주기도 하였고

행상들이나 보부상들에게
무료로 재워주기도 하였고

얼굴이 얽었던 '변덕'이란
노인도 무시로 와서
사흘이고 나흘이고
와서 자고 밥 얻어먹고
겸면쩍어 하고
염치 없으면 가기도 하고

그 대가를 한다는 마음으로
약뿌리나 만병에 좋았던
아편도 한 덩어리 주었는데
어디서 돌아가셨는지
누가 땅에 묻어주기나 했는지 궁금하다

아버님은 사랑에 불을 때고
사랑군과 놀기를 좋아하셨다.

초년에는 팔사리를
친구들과 치기 위해서
대초 한 갑과
석회가 들어간 종이로 만든
화투 한 목을 사오셔서
초를 켜놓으시면
방 가득 피워대는

담배연기를 흡수하며

그 뒤에서 공부를 하던
아들까지 건강을 생각한 것 같다.

때로 밤참도 내라고 하셔서
어머니가 불편도 했지

낚시를 좋아해서
머슴에게 일 맡기고
낚시를 가기 위해서
여름에는 팥색깔 지렁이
도랑에서 아들이 잡고

늦서리 내리는 날은
논의 물고를 뒤져
미끼로 송사리를 잡아
여름에는 칠어를
가을에는 송사리로 메기를 잡아
추수할 때 반찬으로 먹었지

밤이면 부러진
낚시대 깎아 맞추며

잘 되는 낚시 상상을 하였다

노래라고 들어보기는
회심곡인가 모르지만
'석탄 백탄 타는 데는
연기가 펑펑 나는데
요네 가슴 타는 데는
연기도 펑펑 아안나……'

그 마음을 삭히기 위해
존재의 땅을 넓히려
자주 하시던 기침소리가
나도 적적할 때마다 들리곤 한다.

너무 완고하고
너무 사납게 혼을 내서
어렵고 무서워 한마디 말씀도
쉽게 드리기 어려웠던 분

그래서 말년에 외롭고 쓸쓸하였고
식구들과 협의하지 않아서
홀연세가 들면서 더 그랬지

담배로 여가를 즐기고
딱히 무엇을 잡지 못하였기에
가정을 이끌기 얼마나 어려웠을까

피부가 약해서 늘 긁으시고
유황을 사다가 물에 타서
살갗을 긁으시고
술을 드시면 열이 나서
소시 적에는 제법 드신 것 같았는데
더 가려우셔서 잡숫지 않았다.

객지로 나와서 산지 일 년이 안 된
1972년 9월 19일 저녁때
배를 타고 큰 동생이
큰 아들을 찾아왔지

"아버지께서 주무시다가
새벽에 화장실에 다녀왔는데
한 쪽을 못 쓰시고 누워계신다는 말 듣고

앰뷸런스를 불러 타고 집에 가니
"나 괜찮은데 뭣 하러 왔어"하였다.
혈압을 재보니 270

병원에 모시고
다시 재보니 180이라
입원실에 입원하고

치료를 위해
주사약 '콤프라민'을 사오라고 하여
한 대 놓아 드렸는데
의식이 없고 코를 긁기 시작하시고
가래가 끓기 시작하셨다

처절한 일이 일어날 것을 직감했고
못된 아들이 평안히 못 모시어
서둘러 불귀의 땅으로 가는구나
땅을 치고 복통이 터질 일이었다.

가래를 몇 번 빼드렸는데
의사가 가망이 없다는 말은 않하고
저녁 9시경
"다른 병원으로 가려거든
지금 모시면 좋겠습니다"
고 하였다.

그 당시는 전주E병원 대전C병원인데

도로도 안 좋아 천리나 먼 길이었다.

하루 밤을 새우고
아침에 가려다보니
사색이 다 되어
집으로 모시고 뉘어드리니

이내 짚불 사위 듯
숨이 멎으신 것이
최후의 모습이다.

당시 우리 집의 가세는 안 좋아서
중병을 오래 치료받기가 어려우심을 아시고
후손들이 어려울 것 같아
55세 단명으로 가신 것을 선택하신 것 같다

운명적으로 자손들에게 덕을 베풀고
최후를 마치신 것 같다.

산 같은 부성애를 갚지 못한
불효스런 느낌으로
산이 무너진 듯
힘이 푹 빠졌다.

천상 천하 유아독존 사모곡

아주까리 기름 흐르는 낭자에는
늘 바늘이 꽂혀 있었지.

안아보면 몸 냄새
코에 익숙하고
둔덕처럼 평온했지.

삶을 깁고 파서 일구느라
손가락은 문드러졌고
치마가 쫓기 어려운 걸음을 걸었다.

한 푼씩 모은 돈을
손 벌리면 기꺼이 내어주던
웃음이 늘 보인다.

여든 일곱 살을 지나며
우렁 껍질 모습으로
기울어 가는 해를 본다.

끼니때마다 밥이 안 넘어가
물에 말아 몇 숟깔
억지로 넘기더니

작년부터 초기에서
중기로 진행해가는
치매를 앓고 있다.

사는 모양만 남은 지금
몇 푼 용돈을 받고도
오그라진 마음에 기꺼워한다.

어디가 좀 아파도
안으로 새기면서
이따금 서쪽 하늘을 보며
삶의 가시를 빼고 태연해 하고

눈에 보이지 않는 눈물이
속으로 잦아드는 것 같은
어머니.

제일 예쁘고
착하고
친절하고

내게 제일 잘 해주고
제일 걱정해주고

잘 되길 기도하며
나를 제일로 알고
달라는 것 다 주고

잘못해도 말하지 않고
힘든 것 말 없이 참고

내가 온갖 사랑 주어
내 몸을 만들어 주시고
부족해도 불편해 않고

죽을 죄 지었어도
용서해주시는 분

내 먹을 것
먼저 드리고 싶은 분

간다 않고 허망이
먼저 가실 것 같은 분

죽을 때까지
잊지 못할 분

아침을 잡수시면
뒷짐 지고 경로당 가시며
현관에 어지러운 것
모조리 치우시며
당신 속에 가득한
의무감을 다독이셨다

소시적 얼굴도 고약하게
찡그린 일 많았는데
당신이 하려던 것을 다 못하고
애들 낳아서
어렵게 키운 자식들
다 멀리 살고 있으니

당신 시간은 기름기가 빠져
자기만의 시간의 레일 위에서
새 기차를 타고 가는 것이라고
가는 마지막 역까지
얼마나 남았을까

지금 치매 10년차
신변처리를 잘 못해

이젠 아들도 못 알아보고
귀먹고 엉뚱한 짓을 하데

돌아갈 나라 멍히 보며
시간의 묵주만 굴렸는데

돌아가도 항상 웃으며
평생 만지며 놓아지지 않을
뜨거운 어머니 손

생각하며 속도를 줄일
시간의 껍질을 조금씩 까서
도착하는 순간
손털고 바로 모두와 헤어지는
달콤한 시간을 갖기 위해
양로원에서 모른 척 하더니

2017년 6월 30일
저녁 6시 반 경에
요양원에서 연락이 왔다

엄니가 안 좋으시니
어디로 가면 좋겠느냐고

대전 성모병원에 가보니

한 삼년 아들도 못 알아보고
말을 걸면 벽으로
고개를 돌리셨는데

그날은 그 짓도 못하고
산소 힘으로 숨만 쉬고
혼수상태로
먼 빛으로 애들소리만
듣고 기려는지
평안히 누워있었다

혈압과 산수 수치와
맥이 내려오는데
올라가지 않으면
돌아가신단다

링겔을 붙잡고
다음날도 그러니까
병원에서 폐 쪽에 수술하면
좀 더 버틸 수 있으니
수술하려느냐고 했지

좀 더 고생하실 것 같고
얼마 못가서
돌아가실 것 같아서
않는다고 했지

벌을 친다고
공주서 밤꿀을 따고
벌을 실어다 자리잡으니
새벽 한 시

힘들어 병원도 못갔는데
날이 새자 막내한테서
어머니가 돌아가셨다고
주무시던 모습대로
숨이 멎으셨다는 어머니

표정도 없이 말씀도 없이
조용히 숨이 멈추어진 엄니
보지 못한 회한에
가슴이 차다
그래도 괜찮다고 하실까

요양원에 가서 뵈면

우리 아들 세상에서 최고
오래 살고 잘 될거야 하시던
살아계신 나의 하나님이셨는데

떠날 때는 자다가
하고 싶은 말도 다 했으니
소리없이 가셨나?

불현 듯 시간 그림

그리워라

와불로 누운 옥천산
가운데로 도랑을 내어
속마음을 적시고

걸레 빨고 호미 씻고
샘을 주어 생명수 마시며

아침마다 물지게와
물동이 이고 깨드득 웃으며
눈인사로 삶을 고였지

새벽녘 동네 앞 느티나무에
까치가 울어 대면
아침을 마치고 들로 가지

심지뭇골 위불무골
아래 불무골 서낭댕이
통메 꺽징이 댓골 신대 앞으로
연장 지고 가고

소 끌고 가서 하루를 매고
소년은 저녁 때 소를 뜯기고

어둑해지어 소를 풀어 놓으면
길 따라 방울 흔들며 집으로 잘 왔지

어느 집 어른이 생신을 맞거나
제사와 큰 일 치르면
마당 가득 어른들 모셔
꿀 인심 대접하고

누가 돌아가시면
모든 일 다 멈추고

계란 한 줄 팥죽 한 동이 가지고
마칠 때까지 봐줬지

설 때는 집을 돌면서
세배 드리고 떡도 얻어 먹고

추수 때는 일꾼들이 모여
푸짐하게 즐기며 일하고

정월 대보름에 지불놀이
거리제 지낸 곳에 가서
떡과 명태 머리 찾아 구워먹고

썰매 타고 연날리고

밤이면 화로에 내복 올려
큰 자식 순서로 이 잡고

어메는 구멍난 양말 깁느라
낮의 일에 졸아가며
바늘 찔리며 잠도 못잤지

꿈에도 잊어버리려 떠오르지 않고
활동사진이 보이지 않네

어쩌다 지나다 보면
옥천산은 더 두꺼운 이불을 덮고
깊이 잠들었고

앞의 동네는 나뉘어
살던 땅의 지도는 다 짤라졌고

할아버지가 길 닦는 일
부역 갔다가 캐다 심었다는
정자나무도 사라졌더라

북풍을 막으려는 듯
큰 사람이 비스듬히 앉은 듯
이 집 저 집 돌아보고
잘 살도록 품어주던 지형

동네 입구에
두 주의 정자나무가
기수처럼 서 있었는데
다 뽑혀서 어디로 갔나

역사를 다시 드러낸다고
모두 쫓아낸 유년의 고향

뭣을 만들것인지
여기 저기 땅을 움푹움푹
아픔처럼 파 놓았네

아래 신대 동네에서
올라오다 보면
둘레의 산은 그대로인데

터전이 그렇게 넓었는데
고함치며 내달리던

고샅은 그냥 있는데

집이 사라지고 나니
함지박 쭈그러지듯
좁디 좁은 유년의 고향

추위에 떨며 쨱쨱 소리나선
대나무밭도 그냥 있는데
참새는 안 보이고

나무도 그냥 있었고
감나무도 임자 잃고
어떻게 익을 줄 몰랐다

샘 안집 우리집
샘터에서 재깔거리던
여인들 소리
하늘로 증발되고

바람에 날리는 마른 웃음뿐

출산하고 부숙한 얼굴에
산고에서 돌아온 다행스런

웃음들 어디로 갔나

큰 집 마당에서
팽이 치던 아이들

그리도 제사가 많아
떼를 쌓아 번철 걸어
기름 냄새로 동네를 떠들썩하던
부침개 냄새 바람에 다 날렸나

두레 나던 날
집집을 돌며 깨질 듯 두들기던
우리 아버지 징소리

곤히 취해 비틀거리며 춤을 추던
우근이 아버지도 없었다

불무골 고개에 새날의 정자가
동네 사람들의 거부하는
손짓을 뒤로 하고
아직은 어색하게 서 있다

그려볼 수 없는

젖내 나던 집
샘뜰 옆으로 조용히 걸어가면
사납던 아버지 소리가 났었는데

호두나무 대문의 스라브 집
뒷담 안에 지붕보다 높은 엄나무

탱자나무 울타리의 우리집
큰소리 별로 없이
오붓이 살던 마을
다 흩어진 곡식 채반이니

날이 궂으면
가려움이 번져 온다

오월성전

　키가 크고 힘도 셌다 팔씨름을 해도 이길 사람이 없었다 가난해서, 집터 하나 얻지 못해 남의 종중산, 그것도 그의 인심 때문에 산고개 중턱에 뗏장을 떠다가 집을 짓고, 갈대로 지붕을 덮고, 청솔가지를 때서 밥을 지었다　뻐꾸기 소쩍새 비둘기떼가 그의 지붕 위를 무시로 휘돌아 날았다
　남의 일이면 두말 없이, 무슨 일이든, 돈보다 일을 한다는 것만으로 좋아했다　뒷독을 퍼내든, 눈두렁을 쌓는 일이든, 장작을 패는 일이건, 가리지 않고 다 해 주었다　술을 좋아해서 술만 마시면 표정이 온화했다　술을 마셔도 주정도 없었다　오래된 구체증이 있어서 소다통을 늘 가지고 다니며, 밥을 먹고 양철 뚜껑으로 두 뚜껑씩 먹었다　위를 깎는다는데, 돈이 없어 위암이라도 걸려야 하겠지만, 하나님은 공평한 은혜인지, 60년을 그렇게 먹어도 아무 상관 없었다　마음이 고운 아내를 맞았다　알아 듣기는 웬만큼 하는데 소리 한번 지르지 않고, 말을 할 때만 손이 더 바빴다　반찬 투정 한번 없고, 옷이 어때도 좀 더 오래 입든가, 자기가 꿰매서 입었다　어른이면서 어른도 아니었다　호령도 안 하고 애들과도 잘 어울려 주었고, 깔보고 놀리지는 않았다　단칸 방에 살다가 사위를 보던 날도 한 방이어서 잤다　자다가 사위 다리가 넘어와 걸렸어도 말 없이 돌아 눕고, 이튿날도 모른 체했다　산과 별의 정기를 따라 자식들을 만들었다　그의 고운 마음처럼, 딸은 다 예쁘고 아들은 모두 착했다　가르치진 못했지만, 그래도 나가서 보일러 고치고, 그럭저럭 잘 산단다　어려운 살림이지만 어렵게 살지 않고 밝게 살았다

늘 그만한 표정으로 부정도 질투도, 다툼도, 서러움도 없었다 술이 취하면 비틀거리며, 팔자걸음을 하고 걸어 올라 다녔다 사랑방에 목침을 베고 이야기 책을 읽으면 사람들은 침을 삼키고, 지나는 행인까지 기웃거렸다 옥단춘전, 옥루몽 등 육전 소설을 몇 날 몇 밤 읽어 댔다 창호지 불빛에 흘러나오던 소리가 지금도 어른댄다 집을 해이를 때, 지붕 날망에 덮는 용구새를 잘 틀고, 똥장군을 지게에 지고, 산만한 나뭇짐 지고 비탈산을 오르던 오월성 영감 죽을 때도 병도 없이, 아쉬운 말 한 마디 없이, 작별의 눈물만 흘리고 짚불 사그라지듯 눈을 감았단다 지금은 산 밑 집터만 있고, 이름 모를 잡초만 무성하다 산중턱이라 바람은 세지만, 별빛도 더 푸르게 쏟아지던 집터였다 그 빛이 지금은 마음에 뜨거운 화롯불이 되어 어줍잖을 때마다 자연인의 그 모습을 생각한다

유물이 된 집

　누가 집터를 보았겠지. 뒷산을 지고 가랑이 벌리고 앉은 국부의 그 자리 같다. 두 줄기 물길이 양다리 밖으로 흐르고 겨울이면 해가 잘 들고, 여름이면 해를 지고 선 자리. 그 곳에서 부화는 계속되고 머슴 두고 가슴 뜨뜻이 배 아프면 잠밥 먹이고, 꼬무라지 턱밑에 나면 늙은 금순이 할배한테 나을 수도 있겠지 하면서 삼대로 물을 찍어 바르면서 주술을 외워 물리치려했지. 정초에는 안택경을 읽어 평안을 빌고, 자기 운세의 토정비결쪽을 찢어 수첩에 넣고 다니며 안심하고 다니다가 누가 죽으면 운명을 못 비킨다던 아버지. 똥지게 지고 잿바작 지고 보리 갈고 정월보름 거리제 지내던 그 곳에 가면 호두나무 대문의 그 집에 들어가기가 떨렸다. 아버지 호통이 천둥 번개 칠 때 몸뚱아릴 숨기고, 풋보리 잡아 메꾸리에 삽으로 찍으면서 보리죽 끓여 먹다가 첫 벼를 솥에 쪄서 찌경이 밥을 먹었고, 모깃불 속에서 살면서 지금은 눈을 감아야 보이는 유물의 집이 또 떠오른다. 기름 번지르르한 장닭이 고개 숙이고 안온하던 아녀자들 같은 암탉을 거느리고, 저녁밥 쌀 이는 부엌대문 앞 뜰팡 밑 마당에서 꼬꼬거리던 닭소리. 어른 생신 날 앞마당에 서너 개 멍석 깔고 베푸는 마음과 받는 마음들의 덕담이 흘러 넘쳤지. 풀기 뻐석한 백모시 한복 입은 어른들의 기침소리 들리고, 뒷산의 낯익은 새의 울음소리가 고요한 어둠의 무거운 소리에 어릴 적 울음을 그치던 소리 들리고, 마당 가운데 섰던 벽오동이 습기에 견디지 못하고 죽자 다른 사람에게 집이 넘어가는 것을 보면서 우리집의 운명이 쇠했는가 싶었지. 그 집을 보고 있으면 그 집은 보이지 않고 그날 사철 밝히던 불이 번갈아 켜지고 먼 곳에 있어도 갖가지 소리가 돌아온 어느 왕국의 호화로운 역사보다 눈에 뜨거운 강물로 흘러간다. 어메의 애쓰던 땀과 동생들 침 흘리며 뼈가 굵어가며 혼도 나고 주저리 주저리 자라고 장가가고 시집가고 아버지가 돌아가시고 하던 꾸물대는 일들이 비켜간다. 이따금 들려오고 눈 속에 더욱 또렷이 비출 자꾸 떠들어볼 내 멀어진 창이리라.